cakes, quiches,
tartes et cie

W0370689

cakes, quiches,
tartes et cie

EDITIONS ATLAS

Édité par :
Éditions Glénat
© Éditions Atlas, MMVI-MMIX
© Éditions Glénat, pour l'adaptation, MMX

Services éditoriaux et commerciaux :
Éditions Glénat – 39, rue du Gouverneur-Général Éboué
92130 Issy-les-Moulineaux

Cet ouvrage est une édition partielle de l'encyclopédie « Recettes des copains » publiée par les Éditions Atlas, œuvre collective à laquelle ont contribué Emmanuelle Naddeo, directrice de collection et auteur; Estelle Ditta, Christine Serbource, auteurs.

Crédits photographiques
Couverture : Veigas/Sucré Salé
Intérieur : Philippe Exbrayat excepté pour les pages 8 : Sucré Salé ; 68 : Roulier/Turiot/Sucré Salé ; 128 : Bilic/Sucré Salé.

Tous droits réservés pour tous pays.

Achevé d'imprimer en avril 2010 en Espagne par Dedalo offset
Ctra. De Pinto a Fuenlabrada
s/n km. 20800
28320 Pinto
Le papier utilisé pour la réalisation de ce livre provient de forêts gérées de manière durable.

Dépôt légal : avril 2010
ISBN : 978-2-7234-7615-7

› Introduction

Tartes et quiches salées, pizzas, cakes, feuilletés... Tous ces plats se déclinent à l'infini pour notre plus grand bonheur. Coupé en tranches ou en carrés à l'apéritif, en plat principal avec une salade verte, sur la table d'un buffet, on ne s'en lasse jamais ! Ils ont en plus l'avantage d'être préparés rapidement, avec des ingrédients simples, et de plaire à tout le monde... Cake à la feta et aux tomates cerise, pizza napolitaine, quiche aux poireaux et magrets fumés, tarte au saint-marcellin, bricks au thon, feuilletés au jambon et champignons : les invités les plus gourmands seront comblés !

L'éditeur

› Sommaire

Cakes, pizzas et quiches

Cake au chorizo *et aux olives*

Ingrédients
(pour 6 à 8 personnes)

200 g de farine

1 sachet de levure chimique

3 œufs

10 cl d'huile

10 cl de vin blanc sec

1 chorizo

100 g d'olives vertes et noires dénoyautées

100 g de gruyère râpé

2 cuil. à café de cumin

beurre

sel, poivre

1 Préchauffez le four à 180 °C (th. 6). Beurrez un moule à cake de 20 cm de long. Farinez-le légèrement et retournez-le et tapotez-le pour éliminer l'excès de farine.

2 Retirez la peau du chorizo en faisant une légère entaille dans sa longueur, puis coupez-le en tranches. Détaillez ces tranches en quatre pour faire des petits cubes.

3 Mettez la farine, la levure et le cumin dans un saladier. Faites un puits au centre et cassez-y les œufs. Mélangez. Incorporez l'huile et le vin, mélangez de nouveau.

4 Coupez les olives en quatre. Ajoutez à la pâte les olives, le chorizo et le gruyère. Salez et poivrez. Mélangez bien le tout. Versez la pâte dans le moule.

5 Enfournez et faites cuire de 40 à 45 minutes, jusqu'à ce que le cake soit gonflé et doré. Laissez reposer 5 minutes avant de démouler, puis laissez-le refroidir sur une grille.

› Mon conseil

Le chorizo est une saucisse sèche d'origine espagnole parfumée au piment qui contient du porc maigre et gras. 80 calories pour quatre tranches de chorizo.

Préparation : 15 minutes | Cuisson : 45 minutes | Réalisation : facile | Coût : bon marché

Les cakes salés ont généralement beaucoup de succès et se mangent sans retenue, coupés en tranches ou en petits carrés.

› Mon astuce

Selon les fours (cuisson à gaz, électrique, chaleur tournante), la cuisson peut prendre de 35 à 45 minutes : vérifiez la cuisson en introduisant la lame d'un couteau au milieu du cake – elle doit ressortir sèche. Le moule doit être rempli aux deux tiers pour que la pâte qui gonfle à la cuisson ne déborde pas. Si votre cake dore dès le début de la cuisson, recouvrez-le d'une feuille de papier aluminium pour qu'il ne brûle pas et, éventuellement, baissez le thermostat.

Cake à la feta *et aux tomates cerises*

Ingrédients
(pour 4 personnes)

250 g de tomates cerises
250 g de feta
4 œufs
80 g de parmesan râpé
150 g de farine
4 cuil. à soupe de lait entier
4 cuil. à soupe d'huile d'olive
1 paquet de levure chimique
1 pincée de noix de muscade
herbes de Provence
sel et poivre

1 Préchauffez le four à 180 °C (th. 6). Battez les œufs en omelette avec le lait et l'huile d'olive.

2 Saupoudrez de noix de muscade et d'herbes de Provence. Salez et poivrez généreusement. Incorporez la farine et la levure.

3 Mélangez bien le tout pour qu'il n'y ait pas de grumeaux. Ajoutez le parmesan. Émiettez la feta et incorporez-la à la préparation.

4 Lavez et ajoutez les tomates cerises bien égouttées. Si elles vous paraissent trop grosses, coupez-les en deux.

5 Remplissez de la préparation un moule à cake beurré. Glissez au four 45 minutes. Vérifiez la cuisson avec la pointe d'un couteau. Si la lame ne ressort pas sèche, prolongez la cuisson de quelques minutes.

› Mes variantes

Vive l'imagination ! À vous de confectionner des cakes traditionnels ou inventifs selon vos envies et surtout selon ce que vous avez sous la main dans vos placards ou dans le réfrigérateur.

Préparation : 20 minutes | Cuisson : 40 minutes | Réalisation : facile | Coût : bon marché

On ne présente plus les cakes salés. Nourrissants et inratables, parfaits pour un apéritif ou pour un buffet, ils se réalisent en un tour de main et se déclinent à l'infini, pour notre plus grand plaisir.

› Mon marché

Pour la réussite de vos cakes, choisissez de la farine tamisée qui évite les grumeaux. Le beurre peut être doux ou demi-sel – dans ce cas, n'ajoutez pas de sel à la préparation. Le lait entier est préférable au lait demi-écrémé, car il donne plus de moelleux. L'huile d'olive convient aux cakes salés à base de tomates, d'olives et de fromages. Pour les autres ingrédients, prenez plutôt de l'huile de tournesol.

Cake à la mimolette *et aux noisettes*

Ingrédients
(pour 4 personnes)

150 g de farine
•
1 sachet de levure
•
50 g de poudre de noisette
•
3 œufs
•
10 cl de lait
•
8 cl d'huile
•
150 g de mimolette
•
50 g de noisettes entières
•
1/2 cuil. à café de cumin
et de coriandre en poudre
•
beurre
•
sel, poivre

1 Préchauffez le four à 180 °C (th. 6). Beurrez un moule à cake. Débitez la mimolette en petits dés que vous roulerez dans la farine.

2 Dans un saladier, mélangez la farine, la levure, la poudre de noisette, les épices, du sel et du poivre. Ajoutez les œufs un à un en mélangeant avec une cuillère en bois.

3 Incorporez le lait et l'huile en remuant de manière à obtenir une pâte homogène. Incorporez la mimolette et les noisettes grossièrement concassées.

4 Versez cette préparation dans le moule à cake, enfournez et laissez cuire 45 minutes.

5 Vérifiez la cuisson en enfonçant la lame d'un couteau au milieu du cake : elle doit ressortir sèche. Laissez reposer 5 minutes avant de démouler. Servez tiède.

› Mon marché

La mimolette est un fromage à pâte pressée dont le parfum de noisette s'accentue en vieillissant. Elle se décline en trois catégories : jeune (3 mois d'affinage), la plus courante, demi-vieille (de 12 à 14 mois) et extra-vieille (de 18 à 24 mois). Plus vous la choisirez vieille, plus elle aura de goût, et plus son prix sera élevé. Choisissez-la assez tendre. Vous ne trouverez de la mimolette vieille que chez un fromager.

Ce cake aux senteurs délicates de noisettes sera parfait à déguster coupé en petits cubes à l'apéritif ou servi tiède en entrée.

› Ma variante

Vous pouvez enrichir ce cake d'un troisième ingrédient et harmoniser les saveurs. Ajoutez, par exemple, 150 g de chèvre frais coupé en morceaux ou 4 tranches de jambon de pays en petits carrés.
À la place des noisettes et de la poudre de noisette, prenez un sachet de 100 g de graines mélangées : tournesol, courge, pignons ou graines de lin. Ces graines, riches en minéraux et en oligo-éléments, feront un cake parfait pour les sportifs.

Cake *au foie gras*

Ingrédients
(pour 4 personnes)

- 200 g de farine
- 1 sachet de levure chimique
- 3 œufs
- 10 cl de crème liquide
- 10 cl de lait
- 40 g de parmesan râpé
- 1 pomme
- 50 g de raisins secs
- 2 cuil. à soupe de calvados
- 100 g de foie gras de canard cuit
- sel, poivre

1 Épluchez la pomme, retirez le trognon et coupez-la en petits dés. Dans un bol, faites tremper les raisins 10 minutes dans le calvados et un peu d'eau tiède.

2 Dans un saladier, tamisez la farine. Ajoutez la levure, les œufs, le lait et la crème, salez, poivrez et amalgamez jusqu'à obtenir une pâte lisse et homogène.

3 Préchauffez le four à 180 °C (th. 6). Égouttez les raisins dans du papier absorbant, roulez-les dans la farine et secouez-les pour éliminer l'excédent. Coupez le foie gras en petits cubes.

4 Ajoutez à la pâte les raisins, le parmesan, les morceaux de pomme et le foie gras. Mélangez l'ensemble. Beurrez un moule à cake et versez-y la préparation.

5 Enfournez et laissez cuire 40 minutes. Vérifiez la cuisson en plantant la lame d'un couteau au centre du cake qui doit ressortir sèche. Laissez tiédir, puis démoulez. Servez le cake en tranches.

› Mon astuce

Vous pouvez couper le cake en gros cubes assaisonnés d'une pincée de chutney aux oignons ou aux figues. Servez sur un plateau.

Préparation : 20 minutes | Cuisson : 40 minutes | Réalisation : facile | Coût : assez cher

Ce cake gourmand offre un mélange de saveurs douces avec les raisins secs, la pomme et le fondant du foie gras.

› Ma variante

Pour un cake très chic, remplacez les raisins par des miettes de truffe. Pour un cake gourmand, vous pouvez ajouter 6 figues sèches taillées en lamelles et 10 tranches de magret de canard fumé, taillées en lamelles et débarrassées de leur gras. Pour un cake moelleux, faites caraméliser la pomme à la poêle à feu doux dans 20 g de beurre et 20 g de sucre pendant 10 minutes.

Cake au roquefort, *noix et lardons*

Ingrédients
(pour 4 personnes)

3 œufs

150 g de farine

1 sachet de levure

5 cl d'huile d'olive

15 cl de lait

150 g de roquefort

100 g de lardons

15 g de beurre

60 g de cerneaux de noix

1 Préchauffez le four à 180 °C (th. 6). Beurrez généreusement un moule à cake. Émiettez le roquefort en petits dés.

2 Concassez les cerneaux de noix. Faites suer les lardons quelques minutes dans une poêle sans ajout de matière grasse.

3 Dans un saladier, mélangez la farine et la levure. Creusez un puits au centre. Cassez les œufs dans le puits et remuez vivement.

4 Versez l'huile et le lait et remuez jusqu'à l'obtention d'une pâte homogène. Incorporez les lardons, le roquefort émietté et les cerneaux de noix concassés. Mélangez bien.

5 Versez la préparation dans le moule et enfournez 45 minutes. Vérifiez la cuisson à l'aide d'un couteau : le cake est cuit lorsque la lame ressort sèche. Laissez reposer avant de démouler.

› Accompagnement

Servez avec une salade verte assaisonnée à l'huile de noix.

Préparation : 10 minutes | *Cuisson : 45 minutes* | *Réalisation : facile* | *Coût : bon marché*

Un cake savoureux et facile à préparer. À servir en apéritif, en entrée avec une salade ou, plus surprenant, en accompagnement du plateau de fromages à la place du pain.

› Mon astuce

Si vous trouvez les lardons trop gras, remplacez-les par un talon de jambon blanc ou par 2 escalopes de poulet préalablement cuites à la poêle.

Cake au saumon *et à l'aneth*

Ingrédients
(pour 4 personnes)

150 g de farine
3 œufs
1 sachet de levure chimique
10 cl d'huile d'olive
15 cl de lait
100 g de gruyère râpé
200 g de saumon fumé
2 branches d'aneth
le zeste de 1 citron non traité
poivre

1 Préchauffez le four à 180 °C (th. 6). Dans un saladier, mélangez la farine, la levure, puis les œufs. Versez le lait et l'huile et mélangez jusqu'à l'obtention d'une pâte lisse.

2 Coupez les tranches de saumon en lamelles. Lavez le citron et essuyez-le. Râpez son zeste. Lavez et épongez l'aneth et détachez les petits bouquets, que vous couperez grossièrement aux ciseaux.

3 Ajoutez à la pâte le saumon, l'aneth et le gruyère. Poivrez. Mélangez bien tous les ingrédients. Beurrez un moule à cake.

4 Versez la pâte dans le moule. Enfournez et faites cuire pendant 45 minutes. Vérifiez la cuisson en plantant la lame d'un couteau au milieu. Si la lame ressort sèche, le cake est cuit.

5 Laissez refroidir le cake pendant 5 minutes avant de le démouler. Laissez-le ensuite refroidir sur une grille. Servez-le tiède ou à température ambiante.

› Ma variante

Vous pouvez alléger la saveur de l'aneth, assez anisée, en n'en mettant qu'une branche et compléter avec du persil ou de la ciboulette, ou encore utiliser un mélange des trois herbes. Pour gagner du temps, utilisez des herbes congelées.

Préparation : 15 minutes | Cuisson : 45 minutes | Réalisation : facile | Coût : assez cher

L'aneth à la saveur anisée et le zeste de citron apportent une touche de fraîcheur et exhaltent le goût du saumon fumé. Rapide à préparer, ce cake fera très bonne impression.

Mon astuce

Préparez une sauce d'accompagnement avec un jus de citron, 2 cuillerées à soupe de crème fraîche, 1 cuillerée à soupe de ciboulette, du poivre et des baies roses moulues. Mélangez le tout dans un bol et servez bien frais.

Cake au saumon fumé *et olives*

Ingrédients
(pour 6 personnes)

160 g de farine

1 sachet de levure chimique

3 œufs

15 cl de lait

30 g de beurre

120 g de saumon fumé

60 g de gruyère râpé

40 g d'olives vertes dénoyautées

1 cuil. à soupe
de ciboulette ciselée

sel, poivre

1 Dans un saladier, tamisez la farine et la levure et creusez un puits au milieu. Incorporez les œufs un à un en ramenant la farine au centre.

2 Préchauffez le four à 210 °C (th. 7). Faites fondre le beurre dans un bol au four à micro-ondes. Ajoutez à la pâte le lait et le beurre fondu. Salez et poivrez légèrement.

3 Taillez les tranches de saumon fumé en bandes, puis recoupez-les en morceaux. Coupez les olives en rondelles.

4 Incorporez le saumon, les olives, la ciboulette et le gruyère râpé à la pâte. Beurrez un moule à cake et versez-y la pâte.

5 Enfournez et faites cuire environ 45 minutes. Lorsque le cake est doré, vérifiez la cuisson en plantant la lame d'un couteau : si elle ressort sèche, il est cuit. Dégustez-le froid ou tiède.

› Ma variante

Vous pouvez parfumer ce cake avec des câpres à raison de 1 cuillerée à soupe. Vous pouvez remplacer le traditionnel emmental par du cheddar que vous hacherez : il apporte une saveur plus douce.

Préparation : 15 minutes | *Cuisson : 45 minutes* | *Réalisation : facile* | *Coût : assez cher*

Le cake servi en entrée a toujours beaucoup de succès. Celui-ci est digne d'un repas de fête. Sans préparation particulière, il est rapide à confectionner.

› Mon astuce

N'ouvrez pas la porte du four avant que le cake soit monté et déjà doré.
Pour un apéritif, préparez ce cake dans un moule en silicone à mini-cakes ou coupez-le en tranches, puis en petits carrés, pour le déguster du bout des doigts.

Cake aux courgettes *et poivrons*

Ingrédients
(pour 4 à 6 personnes)

- 160 g de farine
- 1 sachet de levure chimique
- 3 œufs
- 10 cl d'huile d'olive
- 10 cl de lait
- 50 g de parmesan
- 1 gousse d'ail
- 2 courgettes
- 2 poivrons rouges
- sel, poivre

1 Mettez les poivrons dans un plat et faites-les griller sous le gril du four en les retournant de temps en temps jusqu'à ce que leur peau noircisse.

2 Lavez les courgettes et coupez-les en cubes. Pelez l'ail et hachez-le. Faites chauffer 2 cuillerées d'huile dans une poêle et faites revenir les courgettes et l'ail 10 minutes en remuant.

3 Versez la farine et la levure dans un saladier. Incorporez les œufs en fouettant. Lorsque la pâte est lisse, versez le lait, le reste d'huile et le parmesan. Salez et poivrez.

4 Lorsque les poivrons sont suffisamment grillés, laissez-les tiédir, retirez la peau, coupez-les en quartiers, éliminez les graines et les membranes et détaillez-les en lamelles.

5 Ajoutez à la pâte les courgettes bien égouttées et les poivrons. Versez le tout dans un moule à cake beurré. Faites cuire 45 minutes dans le four à 180 °C (th. 6).

› Mon astuce

Si la cuisson des poivrons vous paraît un peu longue, pelez-les avec un couteau économe. Détaillez-les en lamelles et faites-les revenir à la poêle en même temps que les courgettes.

Ce cake moelleux aux légumes du soleil mettra de la couleur dans vos assiettes. Il peut se déguster seul ou en accompagnement d'une viande grillée.

› Mon marché

Choisissez des courgettes bien fermes, saines et de couleur uniforme. Prenez de préférence de petites courgettes : elles sont plus parfumées et moins gorgées d'eau que les grosses. N'hésitez pas à prendre un poivron rouge et un jaune pour mettre de la couleur dans les assiettes.

Cake aux petits pois, *chèvre et menthe*

Ingrédients
(pour 4 personnes)

- 250 g de farine
- 1 sachet de levure chimique
- 3 œufs
- 10 cl d'huile de tournesol
- 10 cl de lait
- 200 g de chèvre mi-sec
- 200 g de petits pois surgelés
- 4 brins de menthe
- 1 cuil. à soupe de graines de sésame
- beurre
- sel et poivre

1 Faites décongeler les petits pois dans une passoire ou au four à micro-ondes. Égouttez-les dans un torchon propre.

2 Préchauffez le four à 180 °C (th. 6). Beurrez un moule à cake. Dans un saladier, tamisez la farine et ajoutez la levure. Faites un puits au centre, cassez-y les œufs et mélangez bien.

3 Versez le lait et l'huile dans le saladier et mélangez de manière à obtenir une pâte lisse et homogène. Ajoutez les petits pois, salez et poivrez.

4 Coupez le chèvre en petits dés, retirez la croûte s'il y a lieu. Lavez et épongez les feuilles de menthe et hachez-les. Ajoutez le chèvre et la menthe à la pâte. Versez dans le moule.

5 Parsemez les graines de sésame sur le cake. Enfournez et laissez cuire 45 minutes. Vérifiez la cuisson à l'aide d'une lame de couteau, qui doit ressortir sèche.

› Ma variante

Vous pouvez enrichir ce cake avec 1 cuillerée à soupe de pignons de pin. Ou encore ajoutez à la préparation 150 g de petits cubes de jambon blanc ou de saumon fumé. Dans ce cas, réduisez de moitié la quantité de chèvre.

Préparation : 20 minutes | Cuisson : 45 minutes | Réalisation : facile | Coût : bon marché

Avec des petits pois surgelés, la saveur fraîche du chèvre et de la menthe, vous apprécierez toute l'année ce cake printanier servi en plat principal ou à l'apéritif.

› Mon astuce

Attendez 5 minutes avant de démouler le cake et laissez-le tiédir sur une grille avant de le découper. Pour un apéritif, coupez le cake en tranches assez épaisses (éventuellement retirez la croûte) et retaillez les tranches en quatre pour en faire des cubes. Découpez des lanières de jambon blanc et de jambon de pays. Pliez une lanière de jambon en accordéon et piquez-la avec un bâtonnet sur un cube de cake.

Cakes au thon *et aux amandes*

Ingrédients
(pour 6 personnes)

- 2 boîtes de thon au naturel
- 120 g d'amandes effilées
- 100 g de gruyère râpé
- 120 g de farine
- 10 cl de vin blanc
- 10 cl d'huile
- 3 œufs
- 1 sachet de levure chimique
- 2 cuil. à soupe de concentré de tomate
- 120 g d'olives vertes dénoyautées
- sel

1 Préchauffez le four à 210 °C (th. 7). Dans un saladier, versez la farine avec la levure et une pointe de sel.

2 Creusez un puits au centre de la farine et cassez-y les œufs. Remuez et délayez avec l'huile et le vin blanc, jusqu'à l'obtention d'une pâte suffisamment homogène.

3 Égouttez les olives et coupez-les grossièrement. Incorporez-les au mélange. Égouttez ensuite le thon et émiettez-le au-dessus du saladier.

4 Remuez délicatement l'ensemble, puis ajoutez les amandes effilées et le gruyère râpé. Terminez par le concentré de tomate. Versez la pâte dans de petits moules à cake en silicone.

5 Enfournez et laissez cuire 45 minutes. Vérifiez la cuisson des cakes, en les piquant avec la pointe d'un couteau qui doit ressortir sèche. Servez tiède ou froid.

› Mon marché

Pour une si petite quantité de vin, pensez aux briquettes d'une contenance de 20 cl, qui sont très pratiques et n'obligent pas à ouvrir une bouteille juste pour la recette. Vous pouvez aussi utiliser des amandes entières pour donner une touche plus croquante à vos cakes.

Pour changer du sempiternel cake olives-jambon-gruyère, étonnez vos amis avec cette association plutôt inattendue, qui en fera saliver plus d'un.

› Ma variante

Les cakes sont très simples à faire et se servent aussi bien au moment de l'apéritif qu'un soir de semaine pour le dîner des enfants. À cette occasion, n'hésitez pas à intégrer des légumes comme garniture. Cuisinez, par exemple, un cake à la provençale en ajoutant aux miettes de thon 1 courgette, 2 tomates et 1 poivron que vous aurez préalablement fait cuire 20 minutes dans 1 cuillerée à soupe d'huile d'olive.

Minicakes *à la mozzarella*

Ingrédients
(pour 6 personnes)

300 g de farine
•
100 g d'emmenthal râpé
•
3 œufs
•
1,2 dl de lait
•
1 dl d'huile d'olive
•
100 g de mozzarella
•
100 g d'olives vertes dénoyautées
•
100 g d'anchois
•
1 sachet de levure chimique

1 Égouttez les anchois et coupez-les en petits bouts. Détaillez la mozzarella en tout petits dés. Hachez les olives.

2 Préchauffez le four à 180 °C (th. 6). Dans un grand bol, mettez les anchois, la mozzarella, les olives, la moitié de la farine et le fromage râpé.

3 Mélangez bien pour que chaque ingrédient soit enrobé de farine. Dans un saladier, battez les œufs en omelette.

4 Ajoutez le lait et l'huile d'olive, sans cesser de remuer. Incorporez le reste de farine et la levure. Mélangez. Ajoutez les ingrédients enrobés de farine. Mélangez à nouveau.

5 Remplissez aux deux tiers les moules en silicone. Si vous utilisez des moules traditionnels, beurrez-les. Enfournez-les 30 minutes. Laissez-les tiédir avant de démouler. Servez tiède.

› Mon astuce

Si vous n'avez pas de moules individuels, faites ces cakes dans un grand moule et laissez cuire 40 minutes.

Préparation : 15 minutes | *Cuisson : 30 minutes* | *Réalisation : facile* | *Coût : bon marché*

Pour un apéritif entre copains, pensez à ces minicakes individuels. Très simples à faire, ils ne nécessitent que des petits moules.

› Ma variante

Pour donner une saveur exotique, ajoutez 50 g de gingembre frais, préalablement épluché et râpé après avoir fouetté les œufs avec le lait et l'huile d'olive.

Calzone

Ingrédients
(pour 4 personnes)

Pour la pâte :
500 g de farine
1 cuil. à café de sel
30 g de levure de boulanger
25 cl d'eau tiède

Pour la garniture :
100 g de mozzarella
4 tranches de salami
2 tranches de jambon blanc
2 œufs
sel, poivre

1 Préparez la pâte : délayez la levure dans l'eau tiède. Formez un puits sur le plan de travail. Versez la levure dans le puits.

2 Pétrissez la pâte jusqu'à ce qu'elle soit élastique. Formez une boule et entaillez-la d'une croix assez profonde. Mettez la pâte dans un saladier, couvrez d'un torchon et laissez-la gonfler.

3 Après 3 heures de repos, écrasez la boule avec la paume. Pétrissez la pâte en la divisant en quatre pâtons, que vous abaisserez en cercles.

4 Coupez tous les ingrédients en dés et mettez-les dans un saladier avec les œufs battus. Répartissez la garniture sur la moitié de chaque cercle. Pliez en deux et soudez les bords.

5 Préchauffez le four à 210 °C (th. 7). Mettez les pizzas sur la plaque du four huilée et laissez-les cuire 20 minutes. Servez bien chaud.

› Ma variante

Vous pouvez ajouter à la garniture du jambon de pays, des champignons de Paris, remplacer le salami par des allumettes de lardons, ajouter un peu de crème fraîche pour plus d'onctuosité.

Préparation : 5 minutes | Cuisson : 20 minutes | Repos : 3 heures | Réalisation : facile | Coût : bon marché

Pourquoi ne pas préparer à la maison cette pizza que l'on a coutume de déguster au restaurant, déboucher une bouteille de chianti, proposer quelques antipasti en entrée ?

› Mon astuce

Les quantités de pâte sont assez importantes, car elles sont prévues pour quatre belles pizzas individuelles. Vous pouvez diviser les quantités par deux et faire deux belles pizzas que vous partagerez à quatre. Lorsque vous pétrissez la pâte, étirez-la plusieurs fois pour lui donner de l'élasticité. Elle est prête à être garnie lorsqu'elle a doublé de volume. Badigeonnez un jaune d'œuf battu sur la pâte avant de l'enfourner.

pizza *aux crevettes*

Ingrédients
(pour 4 personnes)

1 pâte à pizza

100 g de crevettes roses décortiquées

1 boule de mozzarella

100 g de lardons fumés

4 tomates séchées à l'huile

12 olives vertes

1 petite boîte de concentré de tomates

1 oignon

2 gousses d'ail

thym

huile d'olive

sel, poivre

1 Pelez l'oignon et hachez-le finement. Pelez les gousses d'ail, dégermez-les et écrasez-les. Préchauffez le four à 220 °C (th. 7). Faites chauffer 2 cuillerées à soupe d'huile dans une poêle.

2 Faites fondre les oignons à feu doux dans la poêle. Ajoutez le concentré de tomates, les lardons, l'ail et 4 brins de thym. Laissez cuire 5 minutes en remuant souvent.

3 Coupez les tomates séchées en lamelles et les olives en rondelles. Ajoutez-les dans la poêle, mélangez et retirez du feu. Étalez la pâte sur la plaque à pâtisserie humide.

4 Piquez la pâte avec une fourchette et faites-la cuire à blanc pendant 10 minutes. Sortez-la du four et répartissez la garniture sur toute sa surface.

5 Disposez les crevettes sur plusieurs rangées. Coupez la mozzarella en tranches et recouvrez-en la pizza. Enfournez à nouveau 10 minutes. Servez chaud.

› Mon marché

Vous trouverez un grand choix de pâtes à pizza : des pâtes fraîches roulées, pour pizzas fines ou moelleuses (vérifiez le poids des pâtes proposées) ; surgelées, elles sont vendues en boules ; enfin, des kits comprenant pâte et sauce tomate. Vous pouvez aussi très bien utiliser une pâte feuilletée pour cette recette.

Préparation : 15 minutes | Cuisson : 30 minutes | Réalisation : facile | Coût : bon marché

Préparer une pizza est un plaisir simple et qui régale tout le monde. Celle-ci offre un vrai cocktail de saveurs ensoleillées : crevettes, tomates séchées, lardons et olives…

› Ma variante

Vous pouvez ajouter à la garniture un poivron rouge coupé en fines lanières ou 150 g de champignons de Paris émincés. Pour simplifier et gagner du temps, vous pouvez utiliser une sauce tomate cuisinée (tomates, oignons, basilic) comme sauce de base, et la faire chauffer 5 minutes avec les ingrédients qui composent la garniture (lardons, tomates séchées, olives).Vous pouvez découper des carrés de pâte pour réaliser des pizzas individuelles.

Pizza *aux merguez*

Ingrédients
(pour 4 personnes)

1 pâte à pizza à dérouler
•
3 merguez
•
1 poivron vert
•
quelques feuilles de basilic frais
•
1 cuil. à café de sucre
•
1 boîte de tomates concassées
•
2 branches de thym
•
1 feuille de laurier
•
1 échalote
•
2 cuil. à soupe d'huile d'olive
•
sel, poivre

1 Préparez le fond de pizza : dans une sauteuse, faites chauffer l'huile et ajoutez les tomates concassées. Épluchez, émincez l'échalote et ajoutez-la dans la sauteuse.

2 Ajoutez le sucre, le laurier et le thym. Salez, poivrez et laissez mijoter à feu doux et à couvert une vingtaine de minutes. Préchauffez le four à 210 °C (th. 7).

3 Pendant ce temps, faites griller les merguez dans une poêle antiadhésive sans matière grasse pendant une dizaine de minutes. Retirez l'excès de gras.

4 Lavez le poivron, équeutez-le et retirez les graines. Coupez-le en fines lanières. Déroulez la pâte sur la grille du four, en laissant la feuille de cuisson dessous.

5 Retirez le laurier et le thym de la sauce tomate, puis étalez la sauce sur la pâte. Disposez les merguez coupées en morceaux, ainsi que les lanières de poivron. Mettez au four de 15 à 20 minutes. Ajoutez les feuilles de basilic.

› Accompagnement

Servez avec une salade de mesclun lors d'un déjeuner dans le jardin ou un dîner en famille.

Préparation : 10 minutes | Cuisson : 40 minutes | Réalisation : facile | Coût : bon marché

Les pizzas se déclinent à l'infini pour notre plus grand plaisir de recevoir famille et amis, pour un déjeuner au soleil ou un dîner à la bonne franquette. En voici une version plutôt épicée, à l'orientale.

› Mon astuce

Juste avant de servir, nappez la pizza d'un filet d'huile pimentée. Pour gagner la moitié du temps de préparation, ne faites pas la sauce tomate, remplacez-la par une sauce tomate prête à l'emploi – le résultat sera tout aussi bon.

Pizza *aux saucisses*

Ingrédients
(pour 4 personnes)

1 pâte à pizza

200 g de saucisses italiennes

50 g de pecorino râpé

100 g de tranches de pancetta fumée

4 tomates

1 cuil. à café d'herbes de Provence

6 feuilles de basilic

sel, poivre

1 Préchauffez le four à 210 °C (th. 7). Déroulez la pâte à pizza sur la plaque du four en conservant le papier sulfurisé.

2 Retirez la peau des saucisses. Écrasez-les grossièrement à la fourchette dans une assiette creuse. Ajoutez le pecorino râpé et remuez.

3 Lavez les tomates, retirez leur pédoncule, coupez-les en rondelles et répartissez-les sur toute la surface de la pâte à pizza.

4 Arrosez d'un filet d'huile d'olive et enfournez 20 minutes. Sortez la pizza du four, ajoutez la chair à saucisse et recouvrez de pancetta. Lavez et ciselez les feuilles de basilic.

5 Parsemez la pizza d'herbes de Provence, de basilic ciselé et arrosez-la d'un filet d'huile d'olive. Mettez au four une dizaine de minutes.

› Mon marché

Les saucisses italiennes, de taille moyenne, ressemblent aux saucisses de Toulouse.

Voici une pizza que l'on n'a pas l'habitude de trouver sur les cartes des pizzerias. Elle est pourtant très appréciée en Italie. À vos fourneaux !

› Accompagnement

Servez avec un chianti lors d'un dîner entre amis ou en famille.

Pizza blanche *aux quatre fromages*

Ingrédients
(pour 4 personnes)

- 1 rouleau de pâte à pizza
- 1 sachet de roquette prête à l'emploi
- 1 bûche de chèvre
- 1 sachet de gruyère râpé
- 1 boule de mozzarella
- 1 morceau de gorgonzola
- basilic surgelé
- huile d'olive

1 Découpez en petits morceaux le gorgonzola, la boule de mozzarella et la bûche de chèvre. Préchauffez le four à 200°C.

2 Sortez la pizza de son emballage, déroulez-la sur une feuille de papier aluminium, préalablement huilée. Avec les doigts, roulez les bords de la pâte.

3 Garnissez la pâte avec les morceaux de fromage et parsemez de gruyère râpé.

4 Sur votre pizza prête à être enfournée, versez uniformément un filet d'huile d'olive. Mettez dans le four 20 minutes.

5 Avant de servir, saupoudrez la pizza de basilic et recouvrez de salade de roquette. Servez sans attendre.

› Accompagnement

Servez avec une salade de jeunes pousses d'épinards, relevée de quelques gouttes d'huile pimentée.

La pizza blanche est communément appelée ainsi lorsqu'elle n'est pas recouverte de sauce tomate. À servir en entrée ou en plat unique…

› Mon marché

La roquette est particulièrement appréciée en Italie, en Egypte et dans le sud de la France. La roquette est une laitue sauvage. Proche du cresson, elle appartient à la famille des crucifères. Elle se présente en longues feuilles étroites d'un vert tendre. Lorsqu'elle est jeune, elle a un goût sublime de noisette, mais beaucoup la recherchent à maturité pour sa saveur piquante ou sa pointe d'amertume.

Pizza *Margherita*

Ingrédients
(pour 4 personnes)

1 rouleau de pâte à pizza

1 boîte de purée de tomates

1 boule de mozzarella

10 feuilles de basilic frais

huile d'olive

1 cuil. à soupe de parmesan râpé

1 cuil. à café d'herbes de Provence

sel, poivre

1 Préchauffez le four à 180 °C (th. 6). Égouttez la boule de mozzarella et coupez-la en tranches fines. Hachez 4 feuilles de basilic.

2 Versez la purée de tomates dans un bol. Ajoutez les herbes de Provence, le basilic haché et 1 cuillerée à soupe d'huile. Salez, poivrez et mélangez.

3 Déroulez la pâte à pizza sur la plaque de cuisson du four en conservant le papier sulfurisé. Faites un bourrelet tout autour.

4 Étalez la purée de tomates sur toute la surface de la pâte. Répartissez les morceaux de mozzarella et les feuilles de basilic. Saupoudrez de parmesan.

5 Arrosez d'un filet d'huile d'olive et enfournez. Laissez cuire 20 minutes, jusqu'à ce que le fromage soit doré. Servez chaud.

› Mon marché

N'est pas pizzaiolo qui veut, et le choix des pâtes à pizza prêtes à l'emploi est vaste. Vous trouverez des rouleaux de pâte (rondes et rectangulaires, au choix) de 250 g pour une pâte fine ou de 380 g pour une pâte moelleuse.

Préparation : 10 minutes | Cuisson : 20 minutes | Réalisation : facile | Coût : bon marché

Cette pizza très simple est sans doute la préférée des Italiens. Elle a été créée en l'honneur de la reine Margherita, aux trois couleurs de l'Italie : rouge, blanc et vert.

› Ma variante

La Margherita se doit d'être simple, mais vous pouvez ajouter quelques olives noires. Moins classique, selon l'envie du moment, quelques filets d'anchois à l'huile et quelques câpres.

Pizza *napolitaine*

Ingrédients
(pour 4 personnes)

1 rouleau de pâte à pizza

1 brique de 400 g de coulis de tomate

2 boîtes d'anchois à l'huile

150 g d'olives noires

1 cuil. à soupe d'origan

huile d'olive

sel, poivre

1 Préchauffez le four à 240 °C (th. 8). Sur la plaque à pâtisserie du four, étalez une feuille de papier sulfurisé et déroulez la pâte à pizza.

2 Relevez les bords de la pâte de 1 cm en pinçant la pâte entre le pouce et l'index. Badigeonnez toute la surface de la pâte avec le coulis de tomate en l'étalant au pinceau.

3 Égouttez les anchois dans une assiette, posez-les joliment sur la pizza en partant du centre si elle est ronde, ou en diagonale si elle est rectangulaire.

4 Saupoudrez la pizza d'origan, salez légèrement et poivrez. Répartissez les olives entre les anchois. Arrosez d'un filet d'huile d'olive.

5 Enfournez la pizza et laissez-la cuire de 20 à 25 minutes. Veillez à ce que les bords de la pâte ne brûlent pas. S'ils brûlent, baissez la température à 200 °C. Servez chaud ou froid.

› Accompagnement

Servez avec une salade de roquette ou du mesclun.

Préparation : 10 minutes | Cuisson : 25 minutes | Réalisation : facile | Coût : bon marché

Rien ne vaut une pizza faite maison pour un dîner convivial. Avec une bonne pâte, la garniture n'est plus qu'une question d'assemblage à la portée des enfants.

Mon astuce

Vous pouvez découper 4 parts de pâte, rondes ou rectangulaires, pour faire des pizzas individuelles. Ainsi, chacun peut personnaliser sa pizza avec, par exemple, des petits morceaux d'artichaut, des champignons émincés, des feuilles de basilic...

Pizza *quatre saisons*

Ingrédients
(pour 4 personnes)

- 400 g de pâte à pizza
- 100 g de champignons
- 1/2 poivron vert
- 5 tomates
- 4 cœurs d'artichaut à l'huile
- 2 boules de mozzarella
- 100 g d'olives noires
- 2 tranches de jambon blanc
- quelques câpres
- 4 cuil. à soupe d'huile d'olive
- sel, poivre

1 Préchauffez le four à 210 °C (th. 7). Portez à ébullition une grande quantité d'eau. Plongez les tomates dans l'eau bouillante pendant 30 secondes. Passez-les sous l'eau froide.

2 Retirez le pédoncule des tomates et pelez-les avec les doigts ou un petit couteau. Concassez-les, salez-les, poivrez-les et réservez-les dans un saladier. Détaillez le demi-poivron en dés.

3 Lavez et émincez les champignons. Dans une sauteuse, faites-les suer dans un filet d'huile d'olive. Coupez les artichauts en quartiers, le jambon en lamelles et la mozzarella en dés.

4 Étalez la pâte et disposez-la sur la plaque du four couverte de papier sulfurisé. Garnissez-la de tomates concassées, en laissant le bord de la pâte libre sur 1 cm.

5 Ajoutez les champignons, le jambon, la mozzarella, le poivron, les cœurs d'artichaut, les olives et les câpres. Salez, poivrez et arrosez d'un filet d'huile d'olive. Enfournez 20 minutes.

› Accompagnement

Servez avec une salade verte à la vinaigrette citronnée.

Qui n'aime pas la pizza lève le doigt ! Toute simple, couverte de tomates et de mozzarella, ou plus garnie, la pizza, connue dans le monde entier, se décline à l'infini pour notre plus grand plaisir.

› Ma variante

Préparez une pâte à pizza : 250 g de farine, 1/2 cuil. à café de sel, 15 g de levure de boulanger. Versez la levure dans 12 cl d'eau tiède. Mélangez jusqu'à l'obtention d'une pâte souple. Pétrissez-la jusqu'à ce qu'elle devienne élastique. Formez une boule, laissez-la dans un saladier couvert d'un linge pendant 3 heures. La pâte double de volume. Étalez-la en cercle de 5 mm d'épaisseur sur le plan de travail fariné. Posez la sur la plaque du four couverte d'un papier sulfurisé et disposez la garniture dessus. Faites cuire dans le four à 210 °C (th. 7).

Pizza *tartiflette*

Ingrédients
(pour 4 personnes)

1 pâte à pizza

2 grosses pommes de terre

1 oignon

3 cuil. à soupe de crème fraîche

200 g de lardons

1/2 reblochon

1 Mettez les pommes de terre dans une casserole d'eau froide et faites-les cuire 20 minutes.

2 Épluchez l'oignon et émincez-le. Faites dorer les lardons et ajoutez l'oignon émincé. Préchauffez le four à 180 °C (th. 6).

3 Étalez la pâte à pizza sur la grille du four en conservant le papier sulfurisé et couvrez-la d'une épaisse couche de crème fraîche.

4 Épluchez les pommes de terre, coupez-les en rondelles et mettez-les sur la crème fraîche. Détaillez le reblochon en cubes, en gardant l'essentiel de la croûte.

5 Répartissez le mélange oignon-lardons sur les pommes de terre, couvrez de cubes de reblochon et enfournez une vingtaine de minutes.

› Accompagnement

Servez avec une salade verte lors d'un dîner entre amis ou en famille.

Préparation : 10 minutes | Cuisson : 40 minutes | Réalisation : facile | Coût : bon marché

Tout le monde succombera à cette pizza au goût de tartiflette.
Du reblochon, des pommes de terre, des lardons et de la crème fraîche…
De quoi se réchauffer le moral un soir d'hiver.

› Mon astuce

Demandez à votre boulanger une boule de baguette pas encore cuite. À la maison, vous n'aurez qu'à étaler la pâte au rouleau et déguster ainsi une pâte à pain toute fraîche prête à être enfournée avec quelques garnitures.

Pizza végétarienne, *poivrons, artichauts*

Ingrédients
(pour 4 personnes)

1 pâte à pizza

1 boîte de concentré de tomate

1 petite boîte de champignons de Paris émincés

1 courgette

1 poivron vert

1 boîte de cœurs d'artichaut

1 boule de mozzarella

1 gousse d'ail

2 cuil. à soupe d'huile d'olive

sel, poivre, origan

1 Préchauffez le four à 210 °C (th. 7). Déroulez la pâte à pizza sur la plaque du four, recouverte de papier sulfurisé.

2 Lavez la courgette et coupez-la en rondelles. Lavez le poivron et taillez-le en lamelles. Pelez et écrasez la gousse d'ail. Égouttez les champignons.

3 Dans une poêle, faites chauffer l'huile d'olive. Mettez-y la courgette, le poivron, les champignons et l'ail. Faites dorer les ingrédients 10 minutes en remuant. Salez et poivrez.

4 Égouttez les cœurs d'artichaut et coupez-les en quatre. Coupez la mozzarella en petits cubes. Tartinez toute la surface de la pâte de concentré de tomate.

5 Étalez les ingrédients cuits sur la pâte et répartissez les cœurs d'artichaut et la mozzarella. Saupoudrez généreusement d'origan. Faites cuire de 15 à 20 minutes.

› Mon marché

La mozzarella est un fromage frais à pâte pressée, légèrement élastique. Sa saveur est douce et un peu acidulée. Au contact de la chaleur, elle fond rapidement en restant moelleuse, contrairement au gruyère, qui devient caoutchouteux ou croustillant.

Préparation : 20 minutes | Cuisson : 20 minutes | Réalisation : facile | Coût : bon marché

Voici une pizza originale et équilibrée par la variété des petits légumes. Les amateurs de pizza seront agréablement surpris, et les autres, sûrement conquis.

› Ma variante

Pour jouer avec la couleur, mélangez un petit poivron rouge et un vert. Vous pouvez ajouter une petite boîte de maïs. Pour enrichir la saveur, parsemez la pizza de quelques pignons de pin. Vous pouvez remplacer les artichauts par des pointes d'asperge en boîte ou des brocolis, que vous ferez revenir à la poêle avec les autres ingrédients.

Pizzas artichauts, *jambon de pays*

Ingrédients
(pour 4 personnes)

1 boule de pâte à pizza surgelée

1 bocal d'artichauts marinés à l'huile

2 boules de mozzarella

4 tranches de jambon de pays en chiffonnade

herbes de Provence

1 La veille, pensez à faire décongeler la pâte. Le lendemain, divisez la boule de pâte en quatre parts égales.

2 Sur un plan de travail fariné, étalez les pâtons de manière à façonner quatre ronds de pizza individuels. Préchauffez le four à 240 °C (th. 8). Piquez la pâte avec une fourchette.

3 Coupez la mozzarella en lamelles. Égouttez les artichauts, réservez l'huile de leur marinade. Mettez 1 tranche de chiffonnade sur chaque pizza.

4 Recouvrez les pizzas d'artichauts, de lamelles de mozzarella et d'herbes de Provence. Versez un filet d'huile sur chaque pizza.

5 Enfournez entre 10 et 15 minutes, en surveillant bien la cuisson. Servez dès la sortie du four.

› Accompagnement

Servez avec un vin italien, un chianti classico.

Préparation : 15 minutes | *Cuisson : 10 minutes* | *Réalisation : facile* | *Coût : bon marché*

Vous ne pouvez pas vous tromper en proposant des pizzas… Pour un dîner improvisé ou à la bonne franquette, ces pizzas individuelles et raffinées seront un régal.

› Mon astuce

Plus rapide encore : utilisez un rond de pâte prêt à l'emploi.
Utilisez tel quel ou confectionnez quatre ronds de pâte à l'aide d'un grand bol.

Quiche *à la ratatouille*

Ingrédients
(pour 4 personnes)

1 rouleau de pâte brisée

500 g de ratatouille
à l'huile d'olive en bocal

4 œufs

2 cuil. à soupe de crème fraîche

100 g de parmesan râpé

1 pincée de cumin (facultatif)

1 Préchauffez le four à 210 °C (th. 7). Pendant ce temps, déroulez la pâte dans un moule à tarte préalablement beurré.

2 Remontez bien les bords de la pâte avec les doigts. Piquez la pâte à l'aide d'une fourchette. Faites-la cuire à blanc 10 minutes.

3 Dans un saladier, battez les œufs en omelette, ajoutez la ratatouille, la crème fraîche et la pincée de cumin. Remuez pour bien lier les arômes.

4 Versez la préparation ratatouille-crème-œufs sur le fond de tarte. Parsemez de parmesan râpé.

5 Enfournez à four chaud, pendant 25 minutes en surveillant la cuisson. Si la préparation se colore trop vite, posez par-dessus une feuille de papier d'aluminium. Servez la quiche tiède.

› Mon astuce

Servez cette quiche tiède ou froide, ajoutez, lors de sa préparation, du chorizo ou des pignons de pin. Remplacez le cumin par une pointe de curry ou de tabasco.

Comment faire manger des légumes aux plus réfractaires ? Avec cette quiche originale et très facile à réaliser, vous leur ferez adorer les courgettes, les tomates et les aubergines !

Mes variantes

Faites la ratatouille vous-même : lavez et coupez en morceaux sans les peler 500 g d'aubergines, 700 g de courgettes, 1 poivron rouge, 1 vert et 1 jaune (que vous devrez épépiner) ainsi que 1 oignon pelé et émincé. Faites revenir ces légumes dans une sauteuse avec de l'huile d'olive, ajoutez 2 cuillerées à café d'ail haché, une grosse boîte de tomates pelées et une pointe de piment d'Espelette pour relever ce plat de légumes. Laissez-la cuire à feu doux au moins pendant 1 h 30.

Quiche aux artichauts *et au cantal*

Ingrédients
(pour 4 personnes)

1 rouleau de pâte brisée

100 g de cantal vieux

500 g de fonds d'artichaut surgelés

2 tranches de jambon de pays en lamelles

1 gousse d'ail

1 échalote

1 brique de vin blanc (20 cl)

1 boîte de tomates concassées

2 cuil. à soupe d'huile d'olive

2 cuil. à soupe d'herbes de Provence

sel, poivre

1 Disposez les fonds d'artichaut côté bombé vers le haut, avec le vin, 1 verre d'eau, salez, poivrez. Portez à ébullition, puis couvrez et laissez cuire 10 minutes.

2 Hachez l'ail et l'échalote, puis faites-les revenir dans une autre sauteuse, avec l'huile d'olive. Ajoutez les tomates concassées, les herbes, couvrez et laissez cuire 10 minutes.

3 Préchauffez le four à 210 °C (th. 7). Étalez la pâte dans un moule et faites-la cuire à blanc 10 minutes après l'avoir piquée avec une fourchette pour éviter qu'elle ne gonfle. Râpez le cantal.

4 Vérifiez la cuisson de vos fonds d'artichaut, ajoutez un peu d'huile d'olive pour les faire dorer. Sortez la tarte du four et disposez les fonds, côté bombé vers vous.

5 Ajoutez tout autour le jambon de pays et versez délicatement la sauce tomate. Parsemez le tout de cantal. Faites cuire au four pendant 20 minutes.

› Mon marché

Le cantal se reconnaît à sa croûte épaisse, à sa pâte ferme, non cuite, élaborée avec du lait de vache. Sa saveur au goût de terroir puissant est très typée. Il faut dire que le fromage de Cantal est considéré comme le plus ancien des fromages français : il est produit en Auvergne depuis deux millénaires.

Préparation : 10 minutes | *Cuisson : 40 minutes* | *Réalisation : facile* | *Coût : bon marché*

Une quiche originale dont le goût est relevé par le cantal. Sans œufs ni crème fraîche, le concassé de tomate constitue une garniture légère et en fait une tarte à part, à la fois différente et délicieuse.

› Ma variante

Réalisez vous-même votre pâte brisée : dans une jatte, versez 250 g de farine, faites un puits au centre, ajoutez 175 g de beurre en petits morceaux et 1 pincée de sel. Pétrissez, ajoutez 1 jaune d'œuf – et un peu d'eau si vous avez du mal à faire une pâte souple. Confectionnez une boule, entourez-la de film alimentaire et mettez-la au frais au moins 1 heure.

Quiche aux poireaux *et magrets fumés*

Ingrédients
(pour 4 personnes)

1 pâte brisée

5 blancs de poireau

20 tranches de magret de canard fumé

25 cl de crème épaisse

4 œufs

3 cuil. à soupe d'huile

sel, poivre

1 Fendez les poireaux dans la longueur, lavez-les soigneusement, égouttez-les et émincez-les en rondelles de 2 cm d'épaisseur.

2 Faites chauffer l'huile dans sauteuse, faites fondre les poireaux en remuant de temps en temps pendant 10 minutes, puis égouttez-les dans une passoire.

3 Préchauffez le four à 210 °C (th. 7). Versez la crème dans un saladier avec les œufs, salez légèrement et poivrez. Fouettez vivement pour obtenir une préparation homogène.

4 Déroulez la pâte, garnissez un moule à tarte et piquez le fond avec une fourchette. Répartissez les poireaux sur le fond de tarte et disposez les tranches de magret sur toute la surface.

5 Couvrez avec la préparation aux œufs, enfournez et laissez cuire pendant 35 minutes environ, jusqu'à ce que la quiche soit dorée. Servez chaud ou tiède.

› Ma variante

Vous pouvez ajouter une couche de fromage râpé, comté ou cheddar. Faites attention de ne pas laisser le fromage brûler : il doit juste être gratiné. Vous pouvez remplacer les tranches de magret par du jambon fumé ou du jambon de montagne au goût assez prononcé coupé en lamelles.

Préparation : 20 minutes | Cuisson : 45 minutes | Réalisation : facile | Coût : bon marché

Cette quiche a un goût de terroir avec les tranches de magret fumé et les poireaux dont les saveurs rustiques s'accordent à merveille. C'est un plat complet et très simple à exécuter.

› Mon astuce

Surveillez la cuisson : si la quiche dore trop rapidement, couvrez-la d'une feuille d'aluminium ou baisser la température à 180 °C (th. 6) et laissez-la cuire 5 minutes de plus. Il est important de bien égoutter les poireaux afin qu'ils ne rendent pas d'eau et ne détrempent pas la pâte. Mettez la quiche dans le bas du four pour assurer une bonne cuisson de la pâte. Veillez à retirer le gras des tranches de magret.

Quiche feuilletée *aux pommes de terre*

Ingrédients
(pour 4 personnes)

1 pâte feuilletée
•
6 pommes de terre
•
1 bûche de chèvre
•
100 g de gruyère râpé
•
150 g de lardons fumés
•
3 œufs
•
sel et poivre
•
1 brique (20 cl)
de crème fraîche
•
muscade en poudre
•
papier sulfurisé

1 Épluchez les pommes de terre. Faites-les cuire 10 min à l'autocuiseur.

2 Pendant ce temps, faites revenir les lardons dans une poêle anti-adhésive sans aucun ajout de gras, les lardons le sont suffisamment.

3 Habillez un moule à tarte de papier sulfurisé. Versez les lardons grillés et recouvrez de gruyère râpé. Ajoutez les pommes de terre coupées en rondelles (salez et poivrez), puis le chèvre en tranches.

4 Dans une jatte, mélangez les œufs et la crème fraîche, ajoutez une pincée de muscade. Versez sur les pommes de terre.

5 Recouvrez le plat de pâte feuilletée en creusant une cheminée au centre. Enfournez 30 min à 200 °C.

› Mon marché

Étant donné leur diversité, il faut choisir les pommes de terre en fonction de la recette et du mode de cuisson. Évitez ici les chairs « fondantes » ou « farineuses », pour sélectionner une variété de pommes de terre à chair ferme comme l'Amandine, la Charlotte, la Pompadour ou la Belle de Fontenay.

Cette délicieuse quiche complète garnie de pommes de terre, lardons et fromage sera présentée curieusement en tatin... À servir avec une salade verte...

› Ma variante

Les férus de fromages forts peuvent trouver que le chèvre est un peu fade...
Si vous désirez sentir particulièrement le goût du fromage, remplacez le chèvre par du camembert, du roquefort, de la feta, des restes de raclette ou encore du reblochon... qui donnera dans ce dernier cas un air de tartiflette feuilletée.

Quiche *lorraine*

Ingrédients
(pour 4 personnes)

1 pâte brisée

150 g de lardons fumés

40 cl de crème fraîche

3 œufs

poivre

beurre pour le moule

1 Préchauffez le four à 210 °C (th. 7). Étalez la pâte et garnissez-en un moule préalablement beurré. Piquez le fond avec une fourchette. Placez le moule au réfrigérateur.

2 Faites blanchir les lardons 1 minute dans une casserole d'eau bouillante, égouttez-les et séchez-les dans du papier absorbant.

3 Dans une petite poêle, faites revenir les lardons à feu doux pendant 5 minutes sans les faire dorer. Épongez-les à nouveau sur du papier absorbant.

4 Dans un saladier, battez les œufs en omelette. Incorporez la crème fraîche et les lardons. Poivrez. Garnissez la pâte de cette préparation.

5 Enfournez dans le bas du four et laissez cuire de 20 à 30 minutes. Vérifiez la cuisson à l'aide d'une pointe de couteau : si elle ressort sèche, la quiche est cuite. Servez chaud, tiède ou froid.

› Mon marché

Pour cette recette, utilisez de la poitrine fumée coupée en gros lardons ou du jambon des Ardennes, si vous vous trouvez dans la région. Comme c'est le seul produit caractéristique de cette recette, il faut choisir un produit de bonne qualité et goûteux.

Préparation : 20 minutes | Cuisson : 30 minutes | Réalisation : facile | Coût : bon marché

Cette recette emblématique de la Lorraine, dont l'origine remonte à 1586, a depuis longtemps franchi les frontières régionales.

› Ma variante

Comme toutes les recettes régionales, il existe des variantes d'un village à l'autre. La recette d'origine utilise une pâte à pain et se fait sans fromage. Toutefois, vous pouvez ajouter 100 g de gruyère coupé en lanières à répartir dans le fond de tarte avant d'y verser la garniture. Certaines recettes utilisent du lait à la place de la crème, ou moitié lait, moitié crème. Il est admis d'ajouter de la ciboulette ciselée, une pincée de noix de muscade ou encore un oignon émincé et doré avec les lardons.

Quiche tomates, *courgettes*

Ingrédients
(pour 4 personnes)

1 rouleau de pâte feuilletée
3 tomates
2 courgettes
150 g de lardons fumés
1 fromage frais
25 cl de crème fraîche
2 œufs

1 Portez une grande casserole d'eau salée à ébullition. Lavez les courgettes, coupez-les en rondelles, faites-les blanchir 7 minutes dans l'eau frémissante et égouttez-les en pressant un peu la chair.

2 Déroulez la pâte dans un moule à manqué avec son papier sulfurisé, piquez-la avec une fourchette et réservez-la. Préchauffez le four à 180 °C (th. 6).

3 Lavez les tomates et coupez-les en rondelles. Dans un bol, écrasez le chèvre frais à la fourchette, ajoutez la crème fraîche et les œufs, mélangez. Salez légèrement et poivrez.

4 Faites dorer les lardons dans une poêle sans ajout de matière grasse et posez-les sur du papier absorbant. Répartissez les lardons égouttés sur la pâte.

5 Recouvrez de rondelles de courgette et de tomate. Versez le mélange aux œufs par-dessus. Enfournez 35 minutes. Servez chaud ou tiède.

› Mon astuce

L'usage du moule à manqué, plutôt que du moule à tarte, au diamètre souvent moins large, permet une quiche plus haute. À vous de choisir en fonction de vos goûts : une quiche plus fine exige un moule à tarte.

Préparation : 20 minutes | Cuisson : 40 minutes | Réalisation : facile | Coût : bon marché

Une quiche salée accompagnée d'une salade verte, voilà de quoi régaler toute la tablée. Une quiche est toujours accueillie avec enthousiasme et constitue un repas complet.

Ma variante

Remplacez la pâte feuilletée par de la pâte brisée. Remplacez le chèvre frais de type Petit Billy par une barquette de fromage à tartiner ou par une bûchette de chèvre coupée en rondelles. Dans ce cas, ajoutez un peu de crème fraîche ou un pot de yaourt. Vous pouvez très bien omettre les lardons et faire une quiche aux légumes ou remplacer les lardons par des lamelles de jambon de pays ou de bacon.

Flamiche *aux poireaux*

Ingrédients
(pour 4 personnes)

- 2 pâtes feuilletées
- 500 g de poireaux
- 50 cl de crème fraîche
- 100 g de lardons
- 4 œufs
- 1 jaune d'œuf
- 20 g de beurre

1 Coupez la racine et la tige des poireaux, éliminez les feuilles jaunies, fendez les blancs en quatre, lavez-les pour les débarrasser du sable et émincez-les sur une planche à découper.

2 Dans une sauteuse, faites fondre le beurre, puis faites suer les poireaux. Mouillez avec 50 cl d'eau, couvrez et laissez cuire à feu doux. Les poireaux doivent être fondus et le liquide absorbé.

3 Dans une poêle, faites revenir les lardons sans matière grasse, égouttez-les sur du papier absorbant et mettez-les dans la sauteuse. Remuez. Dans un saladier, battez les œufs et la crème fraîche.

4 Versez ce mélange sur les poireaux et liez l'ensemble. Abaissez une première pâte dans un moule. Piquez-la avec une fourchette. Couvrez-la de poireaux. Préchauffez le four à 210 °C (th. 7).

5 Étalez la seconde pâte en faisant se chevaucher les bords. Faites une cheminée avec du papier sulfurisé. Badigeonnez la surface de jaune d'œuf et dessinez des croisillons. Enfournez 35 minutes.

› Mon astuce

Lorsque vous abaissez la pâte, piquez le fond avec une fourchette. Vous lui éviterez de se boursoufler en cours de cuisson. Ce que l'on sait moins, c'est qu'il faut ensuite la retourner avant de la placer dans le moule. Les trous se trouvant dessous, ils s'écarteront légèrement sous l'effet de la chaleur et laisseront s'échapper la vapeur qui se forme entre le moule et la pâte.

Préparation : 20 minutes | Cuisson : 45 minutes | Réalisation : facile | Coût : bon marché

Un plat picard complet, facile à réaliser, et des plus savoureux.
Parfait pour un dîner improvisé, à la bonne franquette, accompagné d'une salade.

› Ma variante

Il existe de nombreuses variantes de flamiche. Vous pouvez la garnir uniquement de poireaux ou remplacer les lardons par des dés de jambon blanc. Vous pouvez ajouter des oignons émincés. Pour une tarte de caractère, ajoutez un fromage fort de type maroilles.

Tartes et tourtes

Tarte à la brousse *et aux poireaux*

Ingrédients
(pour 4 personnes)

1 pâte brisée prête à l'emploi

500 g de poireaux

2 cuil. à soupe d'huile

300 g de brousse de brebis

100 g de parmesan râpé

2 œufs

2 pincées de cumin

sel, poivre

1 Déroulez la pâte dans un plat à tarte en gardant le papier sulfurisé. Coupez les bords qui débordent. Piquez légèrement le fond avec une fourchette. Réservez au frais.

2 Préchauffez le four à 210 °C (th. 7). Coupez les racines et l'extrémité des feuilles vertes des poireaux. Incisez-les dans la longueur, lavez-les bien et coupez-les en fines rondelles.

3 Dans une poêle, faites chauffer l'huile. Ajoutez les poireaux, faites-les cuire en remuant régulièrement jusqu'à ce qu'ils soient fondus. Au besoin, retirez l'excès de gras.

4 Dans un saladier, battez les œufs en omelette. Salez et poivrez. Ajoutez le cumin et le parmesan. Mélangez bien, puis incorporez la brousse en fouettant jusqu'à obtenir un mélange homogène.

5 Sortez la pâte du réfrigérateur. Répartissez la fondue de poireaux égouttés sur le fond. Recouvrez de la préparation au fromage. Enfournez et laissez cuire 30 minutes. Servez chaud ou tiède.

› Mon marché

La brousse est un fromage frais de vache, de chèvre ou de brebis, originaire de Provence. En Corse, on l'appelle bruccio. Pour cette recette, nous vous conseillons le brebis pour son goût délicat et aigrelet. Vous le trouverez dans les supermarchés, à côté de la mozzarella et du mascarpone.

Préparation : 15 minutes | Cuisson : 40 minutes | Réalisation : facile | Coût : bon marché

Cette tarte fondante est délicatement parfumée grâce aux fromages doux de brebis et fort du parmesan. Une recette qui s'exécute en un clin d'œil pour un dîner léger.

› Mon conseil santé

Le fromage de brousse s'utilise comme de la crème ou du fromage frais pour des recettes salées ou sucrées. C'est un fromage digeste et peu calorique (115 Kcal pour 100 g). Les poireaux sont très riches en fibres végétales et très peu caloriques (25 Kcal pour 100 g).

Tarte aigre-douce *aux légumes*

Ingrédients
(pour 4 personnes)

1 pâte brisée
1 poivron rouge
1 poivron jaune
1 poivron vert
1 tomate
1 aubergine
2 oignons rouges
1 courgette
1 cuil. à café de thym
2 cuil. à soupe de miel
2 cuil. à soupe de vinaigre
3 cuil. à soupe d'huile d'olive

1 Posez les poivrons sur la plaque du four, position gril. Lorsque leur peau commence à noircir, retournez-les. Sortez-les du four et mettez-les dans un sac plastique fermé.

2 Mettez le four sur 210 °C (th. 7). Étalez la pâte dans un moule beurré, piquez le fond avec une fourchette et couvrez-la de papier sulfurisé et de haricots secs. Faites-la cuire 15 minutes.

3 Lavez et coupez en cubes la tomate, l'aubergine et la courgette. Émincez les oignons débarrassés de leur peau. Dans une sauteuse, faites revenir à l'huile d'olive les légumes et le thym 20 minutes.

4 Retirez la peau et le pédoncule des poivrons, coupez-les en deux, épépinez-les, coupez-les en lanières et ajoutez-les aux légumes.

5 Ajoutez le miel, le vinaigre, salez et poivrez. Retirez le papier sulfurisé et garnissez la tarte des légumes. Enfournez 10 minutes.

› Mon astuce

Pour gagner du temps, ne faites pas cuire les poivrons au four, mettez-les directement avec les autres légumes dans la sauteuse. Ou, encore plus rapide, utilisez une ratatouille en bocal, que vous agrémenterez de miel et de vinaigre avant de la verser sur la pâte à tarte préalablement cuite à blanc.

Avec cette version sucrée-salée de la tarte aux légumes, vous ferez consommer des légumes à toute la famille, et vos amis en redemanderont, alors pourquoi s'en priver ?

› Ma variante

Légère et croustillante, la pâte brisée, la plus classique des pâtes pour tartes sucrées ou salées, est très simple à faire : dans un saladier, mélangez avec les doigts 200 g de farine avec 100 g de beurre coupé en petits dés. Formez un puits, mettez 1 pincée de sel, 50 g d'eau, mélangez en commençant par le milieu. Formez une boule homogène, laissez-la reposer au moins 30 minutes avant de l'abaisser.

Tarte au cantal *et tomates*

Ingrédients
(pour 4 personnes)

- 1 pâte feuilletée
- 200 g de cantal
- 2 tomates
- 10 olives noires
- 1 cuil. à café d'herbes de Provence
- 1 sachet de roquette
- 3 cuil. à soupe d'huile d'olive
- 1 cuil. à soupe de vinaigre balsamique
- sel, poivre

1 Préchauffez le four à 180 °C (th. 6). Étalez la pâte dans un moule à manqué de 26 cm de diamètre préalablement beurré. Éliminez l'excédent de pâte.

2 Piquez le fond de tarte, disposez par-dessus quelques légumes secs et faites-le cuire à blanc une dizaine de minutes.

3 Coupez le cantal en lamelles. Portez une casserole d'eau à ébullition et plongez-y les tomates 1 minute. Passez-les sous l'eau froide, pelez-les et coupez-les en rondelles.

4 Disposez les tranches de cantal sur la pâte précuite et recouvrez-les de tomates. Parsemez-les d'herbes de Provence et d'olives noires.

5 Salez légèrement, poivrez généreusement et versez un filet d'huile d'olive. Enfournez. Préparez la vinaigrette et servez la salade verte avec la tarte.

› Accompagnement

Servez avec un vin léger comme un côte-du rhône ou un beaujolais.

Préparation : 15 minutes | Cuisson : 35 minutes | Réalisation : facile | Coût : bon marché

Ne boudons pas le plaisir d'une tarte au cantal,
ce fromage auvergnat à la saveur fruitée de noisette...
Une garniture sans œuf ni crème fraîche, pour mieux profiter de son goût exquis.

› Mon marché

Selon vos goûts, achetez un cantal plus ou moins affiné : le cantal jeune à la croûte gris-blanc et à la pâte ivoire à saveur douce a subi un affinage d'au moins un mois. Le cantal entre deux, qui se reconnaît à sa croûte dorée, a une saveur plus marquée avec un goût de noisette, et a subi plus de six mois d'affinage. Le cantal vieux possède une croûte épaisse, parsemée de fleurs rouge orangé, sa pâte est plus fruitée et longue en bouche.

Tarte *au maroilles*

Ingrédients
(pour 4 personnes)

1 pâte brisée
5 œufs
250 g de maroilles
50 cl de crème fraîche
10 g de beurre
1 pointe de noix de muscade
1 cœur de laitue
2 cuil. à soupe d'huile d'arachide
1 cuil. à soupe d'huile de noix
1 cuil. à soupe de vinaigre de vin
1 gousse d'ail
sel, poivre

1 Déroulez la pâte brisée dans un plat à tarte préalablement beurré. Du bout des doigts, collez les bords de la pâte contre les parois du moule.

2 Préchauffez le four à 210 °C (th. 7). Coupez le maroilles en dés et disposez-le sur le fond de pâte. Dans un saladier, battez les œufs en omelette avec la crème fraîche.

3 Salez et poivrez, ajoutez la noix de muscade. Mélangez, versez sur le maroilles et faites cuire 30 minutes. Pendant ce temps, lavez la salade et essorez-la.

4 Préparez la vinaigrette : émulsionnez les deux huiles avec le vinaigre. Salez et poivrez. Pelez la gousse d'ail, hachez-la et ajoutez-la à la vinaigrette.

5 Servez la tarte chaude ou tiède à l'assiette, avec un petit bol de salade assaisonnée à l'ail.

› Accompagnement

Pour les plus gourmands, proposer une assiette de charcuterie.

Préparation : 5 minutes | Cuisson : 30 minutes | Réalisation : facile | Coût : assez cher

Voici une tarte forte en goût. Servie avec une salade verte, elle fera sensation lors d'un dîner à la bonne franquette.

› Ma variante

Si vous trouvez que la pâte à tarte ajoute de la lourdeur à ce plat, faites une omelette au maroilles : cassez 8 œufs dans un saladier et battez-les en omelette. Ajoutez 2 cuillerées à soupe de crème fraîche, salez et poivrez. Coupez 150 g de maroilles en dés. Dans une grande poêle, faites fondre 20 g de beurre et versez le mélange œufs-crème. Lorsque le beurre commence à mousser, faites prendre l'omelette 5 minutes, ajoutez les dés de fromage et laissez-les fondre en couvrant la poêle. À part, faites griller sans matière grasse 4 tranches de bacon. Servez l'omelette à l'assiette avec le bacon grillé.

Tarte *au saint-marcellin*

Ingrédients
(pour4 personnes)

1 pâte brisée

500 g d'épinards hachés surgelés

2 saint-marcellin

75 g de pignons de pin

50 g de raisins secs

2 œufs

20 cl de crème fraîche

sel et poivre

1 Préchauffez le four à 180 °C (th. 6). Faites décongeler les épinards 5 minutes au micro-ondes. Pressez-les bien entre les mains pour en éliminer toute l'eau.

2 Dans une poêle, faites griller les pignons de pin sans aucune matière grasse. Réservez-les.

3 Coupez les fromages en petits morceaux. Dans un saladier, mélangez les épinards, le fromage et les raisins.

4 Étalez la pâte avec son papier sulfurisé dans un moule à tarte. Versez délicatement le mélange par-dessus.

5 Battez les œufs et la crème fraîche en omelette. Poivrez et versez sur la tarte. Laissez cuire 30 minutes à 180 °C (th. 6).

› Accompagnement

Servez avec une salade de mâche aux magrets de canards fumés.

Les tartes sont vite faites et constituent un plat complet qui plaît à toute la famille. Une maîtresse de maison avisée a toujours un rouleau de pâte d'avance dans son réfrigérateur. La garniture dépend des goûts de chacun et des réserves des placards.

› Ma variante

Les épinards hachés peuvent être remplacés par des rondelles de courgettes surgelées. Comme les épinards, les courgettes rendent naturellement beaucoup d'eau – elles en rendent encore plus si elles sont congelées. N'hésitez pas à les écraser avec un presse-purée lorsqu'elles sont cuites. Si elles ne rendent pas toute leur eau, elles imbiberont la pâte à tarte, qui restera toute molle. Vous pouvez remplacer les raisins par de la menthe surgelée.

Tarte au thon *et à la tomate*

Ingrédients
(pour 4 personnes)

1 rouleau de pâte brisée

20 cl de crème épaisse

1 petite boîte de concentré de tomate

1 boîte de thon (150 g)

herbes de Provence

100 g de fromage râpé

1 œuf

sel

1 Déroulez la pâte et disposez-la sur le plat à tarte avec son papier sulfurisé. Piquez-la avec une fourchette.

2 Ouvrez la boîte de thon, rincez le thon rapidement sous l'eau froide, puis égouttez-le bien. Émiettez-le sur la pâte.

3 Mélangez dans un gros bol ou un récipient : la crème, le concentré de tomate, l'œuf et le sel.

4 Versez le mélange de crème, œuf, tomate sur le thon. Veillez à ce qu'il soit uniformément recouvert.

5 Saupoudrez d'herbes de Provence, recouvrez de fromage râpé, puis faites cuire 25 min à 210°C (th 7).

› Accompagnement

Pour un repas léger mais complet, une salade suffit.

Préparation : 15 minutes | Cuisson : 25 minutes | Réalisation : facile | Coût : bon marché

Votre fils invite son copain de classe à la dernière minute ? Pas de panique, vous avez sûrement une boîte de thon, une autre de concentré de tomate et une pâte toute faite sous la main.

› Ma variante

Vous pouvez réaliser une « tarte fine ». Il suffit de poser directement la pâte, avec son papier sulfurisé sur la grille ou la tôle du four. C'est le papier sulfurisé qui fait office de plat ! N'ayez crainte des débordements pendant la cuisson, il n'y en aura pas, puisque cette recette est faite à partir de concentré de tomate. Pour modifier la texture de la pâte, utilisez une pâte feuilletée, qui apportera une touche croustillante à cette recette.

Tarte aux asperges vertes *et saumon*

Ingrédients
(pour 4 personnes)

1 pâte brisée

1 botte d'asperges vertes

2 tranches de saumon fumé

25 cl de crème fraîche

3 œufs

1 pincée de muscade

1 bouquet de ciboulette

1 Pelez les asperges et ôtez la partie dure non comestible. Portez une casserole d'eau salée à ébullition. Plongez les asperges 3 minutes.

2 Égouttez-les sur un papier absorbant. Préchauffez le four à 210° C (th. 7). Lavez, essorez et ciselez la ciboulette.

3 Dans un saladier, mélangez la crème et les œufs. Ajoutez la muscade et la ciboulette. Déroulez la tarte dans un moule à manqué avec son papier sulfurisé.

4 Coupez le saumon en petits dés. Répartissez les asperges dans le moule, recouvrez de saumon et versez dessus le mélange crème fraîche-œufs-ciboulette.

5 Enfournez 30 minutes. Laissez juste tiédir, démoulez et servez à l'assiette.

› Ma variante

Remplacez le saumon par des miettes de crabes ou des noix.
Ne salez pas la tarte, le saumon l'est suffisamment.

Préparation : 30 minutes | Cuisson : 35 minutes | Réalisation : facile | Coût : assez cher

L'asperge symbolise l'arrivée du printemps. Profitez de ce légume digeste, léger et cuisinez-le de multiples façons. Pour un repas léger ou une entrée délicate, abusez de cette quiche inattendue et délicieuse à la fois.

› Mon marché

Achetez des chutes de saumon, moins onéreuses que les tranches entières pour cette recette. Profitez des bottes d'asperges vertes présentes sur les étals en avril, mai. Vous pouvez aussi choisir des asperges blanches. Une asperge bien fraîche doit être droite, avec un bourgeon bien fermé, un talon légèrement brillant, une tige cassante et non abîmée.

Tarte aux aubergines *et au chèvre*

Ingrédients
(pour 4 personnes)

1 pâte feuilletée

3 aubergines

1 bûche de chèvre

2 tomates

2 poivrons rouges

2 oignons

2 gousses d'ail

100 g de parmesan râpé

1 pointe de cumin en poudre

herbes de Provence

3 cuil. à soupe d'huile d'olive

sel, poivre

1 Pelez les aubergines et coupez-les en dés. Rincez les poivrons, coupez-les en deux, épépinez-les et détaillez-les en dés. Préchauffez le four à 210 °C (th. 7).

2 Épluchez les gousses d'ail et les oignons et émincez-les. Dans une sauteuse, faites chauffer l'huile d'olive et faites revenir les dés d'aubergine et de poivron.

3 Ajoutez les oignons et l'ail. Lavez les tomates, éliminez le pédoncule, coupez-les en dés et mettez-les dans la sauteuse. Salez et poivrez. Parsemez d'herbes de Provence.

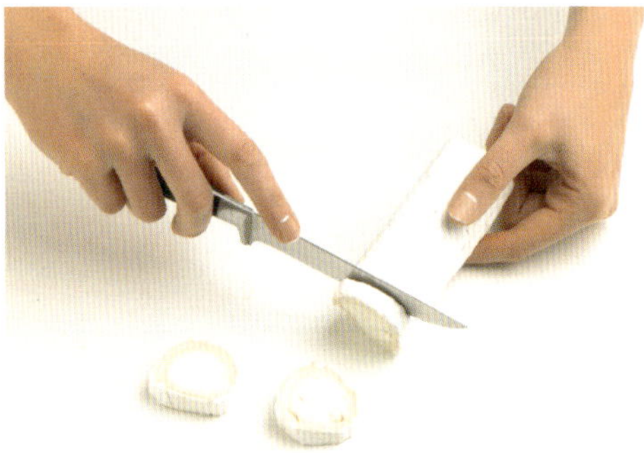

4 Parfumez avec 1 pincée de cumin. Remuez l'ensemble à la cuillère en bois, couvrez et laissez mijoter 15 minutes. Coupez le chèvre en rondelles. Abaissez la pâte dans un moule à tarte avec le papier de cuisson.

5 Versez le mélange de légumes sur la pâte à tarte, au besoin, éliminez l'excédent de jus de cuisson. Recouvrez de rondelles de chèvre et saupoudrez de parmesan. Enfournez 30 minutes.

› Accompagnement

Servez avec des tranches de jambon de pays. Idéal pour un dîner entre amis ou en famille.

Préparation : 15 minutes | Cuisson : 50 minutes | Réalisation : facile | Coût : assez cher

Une tarte aux saveurs et aux couleurs du Sud. Une bonne idée pour faire consommer des aubergines à tous, surtout lorsqu'elles sont associées au chèvre.

› Ma variante

Tarte aux aubergines et sardines : 1 pâte feuilletée, 2 aubergines, 1 barquette de Saint-Moret, 2 œufs, 15 cl de crème fraîche, sel, poivre, 5 baies, 10 cl d'huile d'olive, 3 tomates, 1 boîte de sardines à l'huile. Faites chauffer l'huile d'olive et faites revenir les aubergines pelées et coupées en dés. Lavez et coupez les tomates en rondelle. Coupez la mozzarella en rondelles. Écrasez le Saint-Moret. Ajoutez les œufs et la crème fraîche. Battez l'ensemble, salez et poivrez. Étalez la pâte, garnissez-la de dés d'aubergine, du mélange œufs-fromage, de rondelles de tomate et de mozzarella. Égouttez les filets de sardines et répartissez-les sur la tarte. Enfournez 30 min à 210°C (Th7).

Tarte aux oignons *et au chèvre*

Ingrédients
(pour 4 personnes)

- 5 oignons rouges
- 200 g de chèvre frais
- 2 cuil. à soupe d'huile d'olive
- 1 cuil. à soupe de sucre roux
- thym
- sel, poivre

Pour la pâte :

- 240 g de farine
- 15 cl d'eau tiède
- 1 cuil. à soupe d'huile d'olive
- 1 cuil. à café de levure de boulanger
- 1/2 cuil. à café de sel

1 Préparez la pâte : dans un saladier, mélangez la levure avec la farine. Formez un puits au centre et versez-y l'eau tiède et l'huile, puis 2 pincées de thym.

2 Pétrissez avec les doigts jusqu'à l'obtention d'une pâte homogène. Formez une boule et laissez-la reposer le temps de cuisson des oignons.

3 Épluchez les oignons et émincez-les. Faites chauffer l'huile dans une sauteuse et faites fondre les oignons une dizaine de minutes. Ajoutez le sucre.

4 Remuez, couvrez et laissez mijoter 10 minutes. Préchauffez le four à 210 °C (th. 7). Posez du papier sulfurisé sur la plaque du four. Abaissez la pâte sur le plan de travail fariné.

5 Posez la pâte sur la plaque du four. Répartissez les oignons par-dessus. Détaillez le chèvre en dés et recouvrez-en la tarte. Parsemez de thym. Enfournez
10 minutes.

› Accompagnement

Servez avec un assortiment de charcuterie et une salade verte.

Préparation : 15 minutes | Cuisson : 45 minutes | Réalisation : facile | Coût : bon marché

Pour un dîner improvisé entre copains, rien de tel qu'une quiche salade. Vous pouvez aussi la confectionner pour un apéritif et la couper en petits carrés.

› Ma variante

Tatin d'oignons. Épluchez et émincez 500 g d'oignons. Faites fondre 25 g de beurre, ajoutez les oignons, 4 cuil. à soupe de sucre roux et 2 cuil. à soupe d'eau. Mélangez l'ensemble, salez, poivrez, couvrez. Laissez confire à feu doux 15 min. Lavez et ciselez 1/2 botte de persil. Mélangez 70 g de beurre ramolli avec le zeste de 1/2 citron jaune. Ajoutez les herbes et formez une boule pour obtenir un beurre aux herbes. Réservez au frais. Saupoudrez le fond d'un moule à manqué de 4 cuil. à soupe de sucre roux. Ajoutez les et enfournez-la 20 min. Laissez tiédir, puis démoulez la tarte.

Tarte aux poireaux *et au camembert*

Ingrédients
(pour 4 personnes)

1 rouleau de pâte feuilletée

3 poireaux

1 camembert

4 œufs

20 cl de crème fraîche liquide

2 cuil. à soupe d'huile d'olive

sel, poivre

1 Préchauffez le four à 210 °C (th. 7). Déroulez la pâte dans un moule beurré ou garni de papier sulfurisé et piquez-la légèrement avec une fourchette.

2 Placez le moule avec la pâte au réfrigérateur. Épluchez les poireaux, ôtez la base, coupez-les en rondelles, lavez-les à grande eau et égouttez-les.

3 Faites chauffer l'huile dans une poêle antiadhésive et faites revenir les poireaux en remuant de temps en temps pendant 15 minutes, le temps qu'ils fondent. Salez et poivrez.

4 Coupez le camembert en lamelles et retirez la croûte. Dans un bol, battez les œufs et la crème, salez et poivrez. Garnissez le fond de pâte avec les poireaux.

5 Répartissez la préparation à la crème et aux œufs sur les poireaux et les tranches de camembert sur toute la surface. Enfournez et laissez cuire 40 minutes. Servez chaud.

› Mon marché

Il existe dans le commerce diverses variétés de crème fraîche : épaisse, liquide, entière, pauvre en matière grasse (entre 3 % et 15 %). Pour ce type de recette, mieux vaut utiliser une crème liquide ou du lait Gloria concentré en briquette. Le fromage étant gras, prenez de préférence une crème allégée.

Préparation : 20 minutes | *Cuisson : 55 minutes* | *Réalisation : facile* | *Coût : bon marché*

De toutes les tartes au fromage, celle au camembert fondu, agrémenté de poireaux, est peut-être la plus savoureuse.

› Ma variante

Pour une tarte complète et gourmande, vous pouvez ajouter une couche de jambon de pays ou de jambon blanc coupés en morceaux sous le fromage. Vous pouvez remplacer les poireaux par des courgettes poêlées avec un oignon. Si vous désirez faire gratiner la tarte, saupoudrez-la d'une fine couche de gruyère râpé 10 minutes avant la fin de la cuisson.

Tarte *aux quatre fromages*

Ingrédients
(pour 4 personnes)

- 1 pâte brisée
- 220 g de ricotta
- 100 g de mozzarella
- 100 g de gruyère râpé
- 80 g de parmesan râpé
- 35 cl de crème fraîche
- 3 œufs
- 1 sachet de cœur de laitue
- 3 cuil. à soupe d'huile d'olive
- 1 cuil. à soupe de vinaigre
- 1 cuil. à café de moutarde
- sel, poivre

1 Préchauffez le four à 180 °C (th. 6). Étalez la pâte dans un moule à tarte préalablement beurré.

2 Posez une feuille de papier sulfurisé sur le fond de tarte. Recouvrez de haricots secs et enfournez 20 minutes.

3 Dans un saladier, écrasez la ricotta. Coupez la mozzarella en petits dés et ajoutez-la dans le saladier avec le gruyère et le parmesan râpés. Mélangez le tout intimement.

4 Dans un bol, battez les œufs, ajoutez la crème fraîche et mélangez. Versez l'ensemble dans le saladier. Mélangez. Versez la garniture sur la pâte et enfournez 25 minutes.

5 Confectionnez la vinaigrette en émulsionnant l'huile, le vinaigre, la moutarde, le sel et le poivre. Servez la tarte à l'assiette avec la salade assaisonnée.

› Accompagnement

Servez avec un vin rouge léger de type brouilly ou morgon.

Rien de tel qu'une succulente tarte aux fromages onctueux pour régaler son monde. Accompagnez-la d'une salade verte, et votre repas sera des plus conviviaux…

› Mon marché

La ricotta est un fromage frais italien au lait de vache, de chèvre ou de brebis, selon les régions et les climats. Sa douce saveur, légèrement salée, peut être relevée de fines herbes et d'un filet d'huile d'olive. Il s'incorpore à toutes sortes de sauces, aux lasagnes, aux tartes sucrées ou salées. Vous le trouverez au rayon des fromages en libre-service.

Tarte *aux 3 poivrons*

Ingrédients
(pour 4 à 6 personnes)

1 pâte brisée

1 boîte de tomates concassées

1 oignon

3 poivrons de couleurs différentes

1 cuil. à soupe de moutarde

2 cuil. à soupe d'huile d'olive

1 cuil. à soupe d'origan

sel, poivre

1 Préchauffez le four à 210 °C (th. 7). Beurrez un moule à tarte. Étalez la pâte dans le moule et piquez-la légèrement en surface avec une fourchette.

2 Pelez et émincez finement l'oignon et mettez-le dans un saladier. Égouttez les tomates et ajoutez-les dans le saladier, avec l'huile et l'origan. Salez, poivrez et mélangez le tout.

3 À l'aide d'un couteau Économe, pelez les poivrons. Ouvrez-les, retirez les pépins et la queue, puis coupez-les en lanières.

4 Sortez le moule du réfrigérateur. Tartinez le fond de tarte avec la moutarde. Étalez la préparation assaisonnée avec l'oignon et les tomates.

5 Disposez les lanières de poivron en rangées en alternant les couleurs. Enfournez et laissez cuire 35 minutes environ. Servez tiède ou froid.

› Mon marché

Les couleurs du poivron indiquent son état de maturation. Le poivron vert est plus amer et moins calorique. Le rouge est le plus sucré, le jaune possède une saveur plus douce. C'est entre mai et octobre qu'ils sont les meilleurs.

Cette tarte légère et savoureuse aux poivrons mettra de la couleur dans vos assiettes. Cuisinée d'une façon simple et naturelle, elle peut accompagner une viande grillée.

› Mon astuce

Pour peler facilement les poivrons, mettez-les au four pendant 10 à 15 minutes. Puis placez-les dans un sac en plastique, leur peau se décollera tout naturellement.

Tarte citronnée *aux herbes*

Ingrédients
(pour 4 personnes)

1 pâte brisée

250 g de ricotta

10 cl de crème liquide

3 œufs

1 citron

1 bouquet de persil plat

1 petit bouquet de ciboulette

sel, poivre

1 Beurrez un moule à tarte de 22 cm, tapissez-le avec la pâte brisée et coupez le surplus de pâte en laissant des bords assez hauts.

2 Piquez le fond de tarte avec une fourchette et placez-le au frais. Préchauffez le four à 210 °C (th. 7). Lavez le citron, essuyez-le et râpez le zeste avec une râpe.

3 Pressez le jus de 1/2 citron. Lavez les herbes, essorez-les et hachez-les. Versez la ricotta et la crème dans un saladier. Ajoutez les œufs un à un en remuant.

4 Ajoutez à la préparation le jus de citron, le zeste et les herbes. Salez légèrement, poivrez et mélangez.

5 Versez cette préparation sur la pâte quasiment à ras bord. Enfournez et laissez cuire 30 minutes. La tarte peut dorer légèrement, mais doit rester moelleuse.

› Ma variante

Vous pouvez enrichir cette tarte avec 50 g de parmesan râpé et 2 gousses d'ail écrasées que vous ajouterez à la préparation aux œufs et à la ricotta.

Cette tarte moelleuse et fraîche à la ricotta, parfumée aux herbes et au citron, constitue une parfaite entrée légère. Elle peut être dégustée tiède ou froide.

› Mon astuce

Lorsqu'il vous reste de la pâte, vous pouvez l'utiliser pour préparer des biscuits apéritifs. Coupez des lamelles de pâte, étalez-les sur une feuille de papier sulfurisé et saupoudrez-les de parmesan râpé et de graines de sésame et de tournesol. Vous pouvez aussi les saupoudrer de curry et de paprika, ou encore de fromage râpé. Faites-les cuire environ 10 minutes à 180 °C (th. 6).

Tarte de Saint-Jacques *au curry*

Ingrédients
(pour 4 personnes)

1 pâte feuilletée

600 g de noix de Saint-Jacques

200 g de champignons de Paris

2 gousses d'ail

1 cuil. à café de curry

1 cuil. à soupe de persil ciselé

20 cl de crème fraîche

beurre

sel, poivre

1 Préchauffez le four à 210 °C (th. 7). Pelez les gousses d'ail et hachez-les. Lavez les champignons, coupez la base de leur pied et hachez-les grossièrement.

2 Beurrez un moule à tarte et étalez la pâte feuilletée. Tapissez-la d'une feuille de papier sulfurisé et couvrez-la de haricots secs. Faites-la cuire à blanc pendant 20 minutes.

3 Dans une poêle, faites fondre une noix de beurre. Ajoutez les champignons et l'ail et faites-les suer pendant 10 minutes en remuant sans cesse avec une spatule. Incorporez le persil.

4 Réservez l'ail et les champignons dans une assiette. Dans la même poêle, faites dorer les noix de Saint-Jacques avec le curry pendant 5 minutes en les retournant. Salez et poivrez.

5 Remettez les champignons et l'ail dans la poêle. Hors du feu, ajoutez la crème et mélangez. Versez le tout dans le fond de tarte précuit. Enfournez 10 minutes et servez chaud.

› Mon astuce

Pour faire cuire à blanc un fond de tarte, vous pouvez vous procurer des billes d'argile réutilisables. Sinon, conservez dans une boîte des noyaux d'abricots lavés.

Voici une tarte d'un grand raffinement. Les noix de Saint-Jacques s'accordent parfaitement à la saveur boisée des champignons, et le curry apporte une touche d'originalité.

Ma variante

Pour un petit budget, vous pouvez remplacer les noix de Saint-Jacques par des pétoncles. Pour faire chic, vous pouvez remplacer les champignons de Paris par des girolles ou des cèpes, frais ou en bocaux, selon la saison. Plus classique : vous pouvez remplacer le curry par une pincée de noix de muscade.

Tarte fine aux tomates *et basilic*

Ingrédients
(pour 4 personnes)

1 rouleau de pâte feuilletée

4 grosses tomates

2 grosses boîtes de concentré de tomate

1 bouquet de basilic

10 cuil. à soupe d'huile d'olive

sel

1 Lavez, essorez et ciselez les feuilles de basilic. Mettez le concentré de tomate dans un bol avec les feuilles de basilic et l'huile d'olive.

2 Mélangez bien cette préparation pour que tous les arômes se lient intimement. Mettez-la au frais.

3 Préchauffez le four à 210 °C (th. 7). Déroulez la pâte à tarte sur la lèche-frite du four en laissant le papier alimentaire.

4 Lavez les tomates et coupez-les en rondelles assez fines. Badigeonnez généreusement la pâte d'une couche épaisse de concentré de tomate au basilic.

5 Tapissez les tomates sur le concentré, au besoin faites se chevaucher les rondelles. Salez et versez un dernier filet d'huile d'olive sur les tomates. Enfournez 25 minutes.

› Accompagnement

Servez avec des grillades ou des merguez lors d'un déjeuner au jardin.

Préparation : 15 minutes | *Cuisson : 25 minutes* | *Réalisation : facile* | *Coût : bon marché*

Voici une tarte toute simple qui produit un effet certain par sa finesse. Elle est idéale en entrée avec une salade ou en accompagnement de vos barbecues.

› Ma variante

Si vous en avez le courage, réalisez vous-même votre pâte feuilletée. Elle réclame certes un tour de main et est plus difficile à faire que la pâte brisée, mais rien ne vaut une pâte feuilletée maison !

Tarte fine chèvre *et courgettes*

Ingrédients
(pour 4 personnes)

Pour la pâte :
200 g de farine
180 g de beurre mou
1 œuf
sel
1 cuil. à soupe de vinaigre balsamique

Pour la garniture :
1 courgette
2 œufs
1 chèvre frais (Petit Billy)
100 g de jeunes pousses de salades
sel, poivre

1 Confectionnez la pâte : mettez la farine, le beurre coupé en petits morceaux et 2 pincées de sel dans le bol d'un robot.

2 Mixez jusqu'à ce que le mélange devienne sableux. Ajoutez l'œuf entier, 4 cuillerées à soupe d'eau, le vinaigre balsamique et mixez par à-coups jusqu'à ce que la pâte forme une boule.

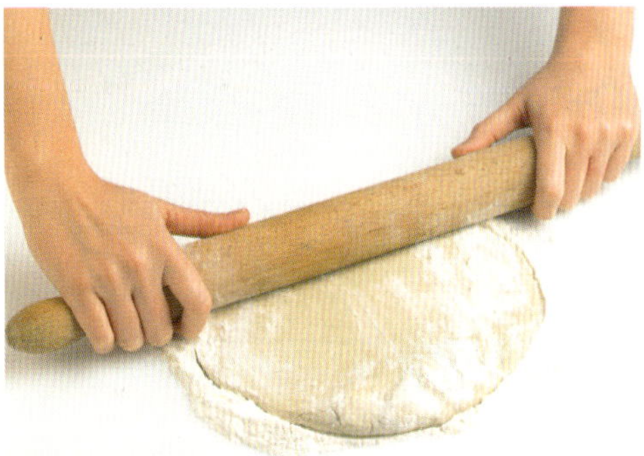

3 Préchauffez le four à 180 °C (th. 6). Mettez du papier sulfurisé sur la plaque. Sur le plan de travail fariné, étalez la pâte, puis disposez-la sur la feuille. Piquez-la avec une fourchette.

4 Rincez la courgette, essuyez-la, retirez les extrémités et coupez-la en fines rondelles, que vous plongerez dans l'eau bouillante 3 minutes. Égouttez en pressant avec le dos d'une cuillère.

5 Battez les œufs, ajoutez le chèvre émietté, salez et poivrez. Garnissez la pâte du mélange, couvrez de courgettes et d'un filet d'huile d'olive. Enfournez 30 minutes. Assaisonnez les salades.

› Accompagnement

Servez avec un vin rouge léger plutôt frais.

Idéale pour accompagner un dîner léger ou un déjeuner au jardin, cette tarte fine a l'originalité d'être réalisée à partir d'une pâte maison au vinaigre balsamique.

Mon astuce

Si vous n'avez pas de robot mixeur, la pâte sablée maison n'est pas difficile à faire, mais réclame un peu de patience. Cette recette ne contient pas de sucre – si vous voulez une pâte sucrée, ajoutez 60 g de sucre. Le beurre doit être mou pour être juste sablé du bout des doigts. Versez 250 g de farine dans une jatte avec 1 pincée de sel. Coupez le beurre en petits dés, ajoutez-le à la farine, puis sablez-le à la main avec la farine. Faites un puits et cassez 1 œuf dedans. Pétrissez le tout délicatement et « fraisez » la pâte en l'écrasant avec la paume deux ou trois fois. Confectionnez une boule et laissez reposer au frais au moins 1 heure.

Tarte gratinée à la sardine *et au thon*

Ingrédients
(pour 4 personnes)

2 boîtes de sardines à l'huile

1 boîte de thon

1 pâte brisée

1 sachet de gruyère râpé

2 cuil. à soupe de crème fraîche

1 pincée de cumin

1 Préchauffez le four à 210 °C (th. 7). Déroulez la pâte sur son papier sulfurisé, posez-la sur la plaque de cuisson du four et piquez-la avec une fourchette.

2 Faites cuire la pâte 10 minutes à blanc. Égouttez les sardines, séparez les filets en deux et retirez l'arête centrale.

3 Mettez les filets de sardine dans un saladier. Émiettez le thon, ajoutez-le dans le saladier avec le cumin et la crème fraîche. Mélangez délicatement.

4 Répartissez le mélange de poissons sur la pâte et parsemez très généreusement de gruyère râpé.

5 Enfournez à nouveau la tarte 15 minutes, en réduisant la température du four à 180 °C (th. 6). Disposez la tarte dans une grande assiette de service et servez sans attendre.

› Accompagnement

Servez avec une salade verte ou du fenouil cru.

Préparation : 15 minutes | *Cuisson : 25 minutes* | *Réalisation : facile* | *Coût : bon marché*

Pas le temps de cuisiner et pourtant vous avez du monde à dîner à l'improviste ? Pas de panique. Si vous avez des boîtes de sardines, une boîte de thon et une pâte à tarte, alors tout va bien.

› Ma variante

Faites la pâte brisée vous-même. Sur le plan de travail, travaillez 200 g de farine avec 100 g de beurre coupé en petits dés jusqu'à ce que le mélange soit sableux. Faites un puits au centre et ajoutez 1 pincée de sel et 40 g d'eau froide, en commençant à mélanger par le milieu. Travaillez la pâte jusqu'à ce qu'elle soit homogène, mais pétrissez le moins possible. Faites une boule et laissez reposer au moins 30 minutes.

Tarte thon poivron *mozzarella*

Ingrédients
(pour 4 personnes)

- 1 rouleau de pâte brisée
- 4 tomates mûres
- 2 boîtes de thon
- 1 oignon
- 2 poivrons rouges
- 1 boule de mozzarella
- 3 œufs
- 3 cuil. à soupe de crème fraîche
- 1 cuil. à soupe d'huile d'olive
- 1 cuil. à café d'herbes de Provence
- sel, poivre

1 Égouttez le thon et émiettez-le. Égouttez et coupez la mozzarella en dés. Réservez. Épluchez et émincez l'oignon. Retirez le pédoncule des poivrons.

2 Coupez-les en deux, épépinez-les et coupez-les en petits dés. Faites chauffer l'huile dans une sauteuse. Faites suer les oignons, ajoutez les dés de poivrons. Saupoudrez d'herbes de Provence.

3 Préchauffez le four à 210° C (th. 7). Portez une grande casserole d'eau à ébullition et plongez-y les tomates 30 secondes. Passez-les sous l'eau froide et pelez-les avec un petit couteau ou avec vos doigts.

4 Concassez-les grossièrement et ajoutez-les aux poivrons. Salez et poivrez. Remuez et laissez cuire 15 minutes à découvert. Lorsque les tomates ont rendu tout leur jus, ajoutez le thon émietté et les dés de mozzarella.

5 Battez les œufs en omelette avec la crème fraîche. Déroulez la pâte dans un moule à tarte, avec le papier sulfurisé. Répartissez le mélange de légumes. Versez dessus les œufs battus avec la crème, enfournez 30 minutes.

› Accompagnement

Servez avec un rosé bien frais, lors d'un déjeuner de famille au jardin.

Préparation : 20 minutes | Cuisson : 50 minutes | Réalisation : facile | Coût : bon marché

Une tarte de légumes, de thon et de fromage pour un déjeuner au jardin, ou un dîner improvisé avec des amis. Servez-la avec une salade verte, en plat unique.

Mon astuce

Pour gagner du temps, prenez des tomates en boîte déjà pelées et concassées. Vous pouvez remplacer les herbes de Provence par des herbes surgelées : ciboulette, basilic, persil, et les oignons frais par des oignons émincés surgelés.

Tartes aux poires *et fourme d'Ambert*

Ingrédients
(pour 4 personnes)

1 pâte feuilletée

100 g de fourme d'Ambert

2 poires non juteuses

30 g de beurre

50 g de noix concassées

1 Étalez la pâte sur le plan de travail. Parsemez-la de noix concassées. À l'aide d'un rouleau à pâtisserie, intégrez les noix dans la pâte.

2 Préchauffez le four à 180 °C (th. 6). Avec un petit bol ou une tasse à thé, découpez dans la pâte 4 cercles d'environ 10 cm de diamètre.

3 Recouvrez la grille du four de papier sulfurisé. Disposez les ronds de pâte par-dessus, piquez-les avec une fourchette et faites-les cuire à blanc 10 minutes.

4 Pendant ce temps, coupez la fourme en fines tranches. Épluchez les poires, épépinez-les et coupez-les en fines lamelles. Faites fondre le beurre.

5 Garnissez chaque fond de pâte de fourme et disposez par-dessus les lamelles de poire en rosace. Arrosez de beurre fondu. Enfournez entre 12 et 15 minutes.

› Accompagnement

Servez avec une salade verte assaisonnée à l'huile de noix.

Préparation : 15 minutes | Cuisson : 25 minutes | Réalisation : assez facile | Coût : bon marché

Une association étonnante et délicieuse, une pâte à laquelle on incorpore des noix concassées… de quoi faire saliver vos invités.

› Mon astuce

Vous pouvez réaliser une tarte plus riche en ajoutant une béchamel. Faites fondre 50 g de beurre. Jetez en pluie 2 cuil. à soupe de farine et laissez cuire 1 min en remuant. Versez 40 cl de lait tout en remuant et laissez épaissir à feu doux. Ajoutez 250 g de fourme d'Ambert coupée en petits dés, poivrez. Épluchez 3 poires, coupez-les en deux dans le sens de la longueur. Retirez le cœur. Déroulez et disposez la pâte dans un plat beurré. Posez les poires côté bombé au-dessus et répartissez le mélange béchamel-fourme d'Ambert. Faites cuire 35 min à 180°C (Th6).

Tartelettes *aux échalotes*

Ingrédients
(pour 4 personnes)

1 rouleau de pâte feuilletée

30 échalotes

2 cuil. à soupe de miel

2 cuil. à soupe de sucre roux

100 g de beurre

sel, poivre

1 Coupez les extrémités des échalotes et épluchez-les. Faites chauffer une casserole d'eau. Plongez-y les échalotes 5 minutes. Égouttez-les et réservez-les.

2 Découpez quatre cercles de pâte feuilletée de 15 cm de diamètre en vous aidant d'un bol. Piquez la pâte à l'aide d'une fourchette.

3 Disposez les cercles de pâte sur la plaque de cuisson couverte de papier sulfurisé. Faites fondre le beurre dans une sauteuse. Ajoutez les échalotes, le miel, le sucre, le sel et le poivre.

4 Liez délicatement l'ensemble avec une cuillère en bois et laissez confire une vingtaine de minutes. Préchauffez le four à 210 °C (th. 7).

5 À l'aide d'une cuillère, déposez les échalotes sur la pâte sans les casser, en laissant le bord de la pâte libre. Passez 20 minutes au four. Servez tiède.

› Accompagnement

Servez avec une salade de jeunes pousses d'épinard ou d'endive.

Préparation : 20 minutes | Cuisson : 45 minutes | Réalisation : facile | Coût : bon marché

Pour changer de la tarte à l'oignon, essayez ces tartelettes aux échalotes confites, caramélisées et fondantes à souhait.

› Mon astuce

La pâte feuilletée se congèle très bien. Pensez à la faire décongeler la veille au réfrigérateur, le micro-ondes n'est pas recommandé.

Tartelettes *aux œufs brouillés*

Ingrédients
(pour 4 personnes)

5 œufs + 1 jaune

40 g de beurre

1 cuil. à soupe de crème fraîche épaisse

1 cuil. à soupe de cerfeuil

1 petite truffe

poivre

Pour la pâte :
180 g de farine

80 g de beurre

1 pincée de sucre

1 œuf

1 cuil. à soupe de crème fraîche

1 Préparez la pâte : mettez la farine, le beurre en morceaux et le sucre dans le bol d'un robot et mixez. Ajoutez l'œuf et la crème et mixez jusqu'à obtention d'une boule homogène.

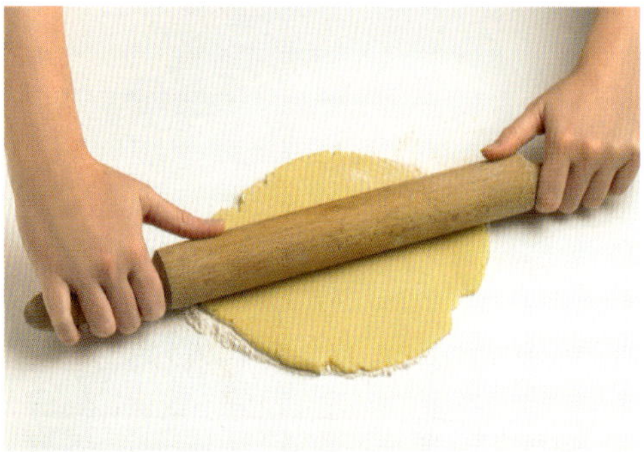

2 Mettez la pâte dans un film étirable et réservez-la au frais 1 heure. Préchauffez le four à 210 °C (th. 7). Beurrez des moules à tartelettes. Étalez la pâte sur le plan de travail fariné.

3 Découpez des disques de pâte avec un verre de la taille des moules. Piquez la pâte de coups de fourchette, mettez-la dans les moules et faites cuire à blanc pendant 15 minutes.

4 Battez les œufs dans une casserole, salez et poivrez et faites prendre au bain-marie dans une casserole plus grande. Fouettez en ajoutant le beurre. Coupez la truffe en lamelles.

5 Ajoutez le cerfeuil et la crème fraîche, remplissez les tartelettes d'œufs brouillés, parsemez de lamelles de truffe et servez aussitôt.

› Accompagnement

Servez avec du vin blanc lors d'un dîner entre amis ou en famille.

Préparation : 20 minutes | *Cuisson : 25 minutes* | *Réalisation : facile* | *Coût : assez cher*

Vos convives seront conquis par ces tartelettes sophistiquées à la pâte maison, aux œufs brouillés dans un peu de crème et de truffe.

Ma variante

Tartelettes aux cèpes et à la tomme : 1 pâte brisée, 400 g de cèpes frais, 50 g de magret de canard fumé en tranches, 150 g de tomme fraîche, 10 g de beurre, 1 gousse d'ail, 10 branches de persil, sel, poivre.Beurrez des moules à tartelettes, confectionnez des disques de pâte et tapissez-en les moules. Piquez la pâte. Enfournez de 10 à 15 min. Pelez et hachez l'ail. Lavez et essorez le persil. Lavez les cèpes, séparez les têtes des pieds et coupez les pieds en petits dés. Faites saisir les cèpes dans un peu de beurre, de persil et d'ail, salez et poivrez. Tapissez les fonds des tartes de lamelles de magret, ajoutez les cèpes, recouvrez de tomme et enfournez 30 min à 180°C (Th6). Servez chaud.

Tartelettes mozzarella *tomates cerises*

Ingrédients
(pour 30 tartelettes)

1 pâte feuilletée
2 boules de mozzarella
1 barquette de tomates cerises
10 tranches de chorizo
huile d'olive en spray
sel, poivre

1 Étalez la pâte feuilletée sur le plan de travail. Avec un emporte-pièce ou un verre à thé, découpez une trentaine de cercles dans la pâte.

2 Préchauffez le four à 210 °C (th. 7). Piquez les cercles de pâte à l'aide d'une fourchette. Mettez-les sur la plaque du four couverte de papier sulfurisé.

3 Lavez les tomates cerises, essuyez-les et coupez-les en deux. Détaillez les boules de mozzarella en 30 morceaux de la taille des tartelettes.

4 Disposez sur chaque tartelette un dé de mozzarella. Salez et poivrez. Couvrez la moitié des tartelettes d'une demi-tomate cerise, côté bombé sur le haut.

5 Recouvrez l'autre moitié des tartelettes de tranches de chorizo. Salez et poivrez, vaporisez d'huile d'olive et enfournez 10 minutes.

› Accompagnement

Servez avec un assortiment d'olives à l'occasion d'une réception.

Préparation : 10 minutes | Cuisson : 10 minutes | Réalisation : facile | Coût : bon marché

Très vite réalisées, faciles à faire et peu coûteuses, ces tartelettes donneront un air de fête à vos apéritifs.

› Mon astuce

L'huile d'olive en spray est très pratique : elle permet d'à peine vaporiser les préparations.

Tatin pommes de terre *reblochon*

Ingrédients
(pour 4 personnes)

1 pâte brisée

500 g de pommes de terre

300 g d'allumettes de lard fumé

1 reblochon

2 oignons

50 g de beurre

sel, poivre

1 Portez une grande casserole d'eau à ébullition et faites cuire les pommes de terre 20 minutes, puis épluchez-les et coupez-les en rondelles.

2 Retirez la croûte du reblochon et coupez-le en lamelles. Épluchez les oignons et émincez-les finement.

3 Dans une sauteuse, faites fondre la moitié du beurre, ajoutez les pommes de terre et faites-les sauter 10 minutes. Salez et poivrez. Dans une poêle, faites dorer les lardons avec les oignons.

4 Préchauffez le four à 210 °C (th. 7). Beurrez un moule à manqué, tapissez-le de rondelles de pommes de terre, parsemez d'oignons et de lard. Ajoutez les lamelles de fromage.

5 Recoupez la pâte au diamètre du moule, laissez 1 cm de plus. Recouvrez le fromage de la pâte et faites glisser les rebords à l'intérieur du moule. Enfournez 30 minutes.

› Ma variante

Vous pouvez remplacer le reblochon, par d'autres fromages : camembert, comté, munster, livarot… Vous pouvez faire une tarte aux pommes de terre, et non pas une Tatin, dans ce cas, ajoutez 2 œufs et 1 pot de crème fraîche à la garniture.
Remplacez les allumettes de lard par des lamelles de jambon de pays, de coppa, ou, radicalement différent, par du saumon fumé.

Préparation : 20 minutes | Cuisson : 1 heure | Réalisation : facile | Coût : assez cher

Impossible de ne pas apprécier cette tarte, un soir de morosité ou de grand froid ! Servie avec une salade, c'est un plat unique idéal pour une soirée à la bonne franquette.

› Mon astuce

Faites une pâte brisée maison. Ingrédients : 250 g de farine, 180 g de beurre, 1 jaune d'œuf, sel.
Versez la farine dans une jatte. Faites un puits au centre, coupez le beurre en petits dés et mettez-le dans le puits avec une pincée de sel. Travaillez du bout des doigts jusqu'à obtention d'une pâte sableuse. Refaites un puits et ajoutez le jaune d'œuf. Malaxez du bout des doigts jusqu'à obtention d'une pâte homogène. Formez une boule et mettez-la au frais 30 minutes avant de l'étaler au rouleau.

Tatin *d'endives*

Ingrédients
(pour 4 personnes)

1 rouleau de pâte brisée

50 cl de sauce béchamel en brique

4 tranches de jambon de Bayonne

5 belles endives

50 g de beurre

50 g de sucre

50 g de noix

le jus de 1/2 citron

sel, poivre

1 Retirez les premières feuilles des endives et coupez-les en deux dans le sens de la longueur. Faites fondre le beurre dans une sauteuse. Ajoutez les endives, le sel, le citron et 40 g de sucre.

2 Retournez régulièrement les endives. Quand elles deviennent translucides, retirez-les. Coupez le jambon en lanières. Beurrez un moule à tarte et saupoudrez-le de sucre.

3 Préchauffez le four à 180 °C (th. 6). Montez alors la tarte. Tapissez le fond du moule d'une couche d'endives. Étalez par-dessus la béchamel en brique, puis le jambon.

4 Hachez grossièrement les noix et disposez-les sur le jambon. Recouvrez à nouveau d'endives. Découpez un cercle de pâte plus grand que le moule. Posez le cercle sur les endives. Rentrez les bords de la pâte dans le moule.

5 Piquez la pâte en deux ou trois endroits. Enfournez pendant 25 minutes. Sortez du four et démoulez aussitôt : posez un plat à l'envers sur le moule et retournez les deux ensemble.

› Accompagnement

Proposez à table un filet d'huile de noix.

Préparation : 25 minutes | *Cuisson : 50 minutes* | *Réalisation : facile* | *Coût : bon marché*

Voici une façon originale de consommer ce légume d'hiver. Les endives revenues dans le beurre et dans le sucre vont être caramélisées à souhait. Même les enfants vont adorer !

› Mon conseil

Pour une recette plus « diététiquement correcte », vous pouvez réaliser une béchamel allégée, c'est-à-dire sans beurre. Il vous faut : 1 l de lait et 16 cuillerées à soupe de Maïzena. Diluez la Maïzena impérativement dans du lait froid. Ajoutez ensuite au reste de lait chaud, la sauce épaissira plus vite.

Tourte au jambon *et aux champignons*

Ingrédients
(pour 4 personnes)

- 2 rouleaux de pâte feuilletée
- 4 tranches de jambon épaisses
- 200 g de champignons
- 1 cuil. à soupe de persil
- 1 gousse d'ail
- 2 cuil. à soupe de farine
- 50 g de beurre
- 20 cl de lait
- 25 cl de crème fraîche
- 1 jaune d'œuf
- sel, poivre

1 Préchauffez le four à 210 °C (th. 7). Faites fondre 30 g de beurre dans une casserole, saupoudrez-le de farine et laissez cuire 2 minutes en remuant.

2 Salez, poivrez et versez le lait. Laissez épaissir la préparation pendant 5 minutes en remuant régulièrement. Grattez les champignons, retirez le pied terreux et émincez-les.

3 Dans une poêle à revêtement antiadhésif, faites revenir les champignons avec la gousse d'ail écrasée, le persil et 20 g de beurre. Coupez le jambon en dés. Retirez la béchamel du feu.

4 Mélangez les champignons, le jambon et la crème à la béchamel. Beurrez une tourtière, étalez un rouleau de pâte feuilletée en la laissant déborder. Versez la préparation sur la pâte.

5 Recouvrez avec le second rouleau de pâte, soudez les bords et faites une cheminée au centre. Dorez la pâte au jaune d'œuf battu. Enfournez et laissez cuire 30 minutes. Surveillez la cuisson.

› Mon marché

Vous pouvez utiliser des cubes de jambon prêts à l'emploi, ainsi que des champignons de Paris en boîte pour vous faciliter la tâche.

Préparation : 20 minutes | Cuisson : 30 minutes | Réalisation : assez facile | Coût : bon marché

Voici un plat équilibré et rustique qui sait plaire à tout le monde. Cette recette minutieuse ne présente pas de réelles difficultés, et le résultat est vraiment délicieux.

Mon astuce

Conseils de cuisson : pratiquez une cheminée en ouvrant le centre de la tourte d'une croix. Enfoncez-y un ruban de papier roulé afin que la pâte ne gonfle pas. Le jaune d'œuf permet de dorer et de faire briller la pâte. Toutefois, il peut noircir et brûler rapidement. Surveillez les dix premières minutes de cuisson et recouvrez la tourte d'une feuille de papier d'aluminium si besoin.

Tourte *au reblochon*

Ingrédients
(pour 4 personnes)

2 rouleaux de pâte feuilletée

1 reblochon

100 g de lardons

1 gousse d'ail

2 pommes de terre cuites

20 cl de crème fraîche liquide

1 jaune d'œuf

sel, poivre

1 Préchauffez le four à 210 °C (th. 7). Beurrez un moule à tarte. Tapissez le fond d'une pâte feuilletée. Piquez-la à l'aide d'une fourchette.

2 Grattez la croûte du reblochon et coupez le fromage en morceaux. Taillez les pommes de terre en petits morceaux. Pelez et hachez l'ail.

3 Disposez les pommes de terre sur le fond de pâte, recouvrez-les de lardons, d'ail et de reblochon. Recouvrez du second disque de pâte.

4 Soudez les bords en pinçant les extrémités des deux cercles de pâte du bout des doigts. Délayez le jaune dans un peu d'eau et badigeonnez-en la tourte au pinceau ou du bout des doigts.

5 Faites un trou au milieu du couvercle de pâte et enfournez 30 minutes. Versez doucement la crème fraîche par le trou et remettez à cuire 10 minutes. Servez chaud.

› Mon marché

Originaire du massif des Aravis en Savoie, le reblochon est un fromage au lait cru de vache, à la pâte onctueuse, qui laisse un arrière-goût de noisette. Vous en trouverez deux sortes dans le commerce : le fermier, reconnaissable à sa plaque de caséine verte, produit exclusivement en alpage ou dans les fermes du pays de Thônes, et le fruitier à étiquette rouge, fabriqué dans les fromageries de la zone d'appellation d'origine.

Préparation : 15 minutes | Cuisson : 40 minutes | Réalisation : facile | Coût : bon marché

Voilà une tourte forte en goût pour se réchauffer les soirs d'hiver. Oubliez le régime pour une fois et régalez-vous, tout simplement.

› Ma variante

Confectionnez des crèmes de reblochon : faites fondre au micro-ondes le reblochon coupé en morceaux avec un fond de lait. Pendant ce temps, fouettez 2 jaunes d'œufs avec 2 cuillerées à soupe de vin blanc. Mettez à cuire au bain-marie, ajoutez le reblochon fondu, remuez puis versez dans des ramequins et faites gratiner quelques instants au four.

Tourte *aux fruits de mer*

Ingrédients
(pour 4 personnes)

2 rouleaux de pâte feuilletée

800 g de fruits de mer surgelés

4 échalotes

20 cl de vin blanc

250 g de crème fraîche

1 cuil. à soupe de farine

1 cuil. à soupe de persil haché

1 jaune d'œuf

beurre

sel et poivre

1 Pelez les échalotes et hachez-les. Préchauffez le four à 210 °C (th. 7). Faites décongeler les fruits de mer et mettez-les dans une passoire pour les égoutter.

2 Faites fondre une noix de beurre dans une sauteuse et faites revenir les échalotes. Lorsqu'elles sont translucides, ajoutez les fruits de mer, du sel et du poivre. Mélangez.

3 Saupoudrez de farine et arrosez de vin blanc. Mélangez, laissez cuire à feu doux, à découvert, pendant 10 minutes. Incorporez la crème fraîche, portez à ébullition 1 minute et retirez du feu.

4 Beurrez une tourtière. Étalez un rouleau de pâte et garnissez-le de la préparation tiédie aux fruits de mer. Recouvrez de l'autre pâte et soudez en pressant avec les doigts.

5 Faites une cheminée au centre de la pâte avec une bande de papier sulfurisé. Badigeonnez la pâte de jaune d'œuf à l'aide d'un pinceau. Faites cuire la tourte 40 minutes. Servez chaud.

› Mon marché

Il existe des mélanges de fruits de mer surgelés prêts à l'emploi, sinon, achetez différents fruits de mer surgelés : crevettes, pétoncles, noix de Saint-Jacques, moules, calamars ou langoustines.

Délicieuse dans sa robe feuilletée croustillante, cette tourte garnie de fruits de mer cuisinés avec une sauce à la crème et au vin blanc a un air de fête.

Mon astuce

Pendant la cuisson, couvrez la tourte d'une feuille d'aluminium avant qu'elle noircisse. S'il vous reste de la pâte, profitez-en pour faire des allumettes au fromage pour l'apéritif. Découpez des bandes de pâte, posez-les sur la plaque du four garnie de papier sulfurisé, parsemez-les de fromage râpé et enfournez-les 10 minutes à 210 °C (th. 7).

Tourte *de bœuf*

Ingrédients
(pour 4 personnes)

2 pâtes feuilletées prêtes à l'emploi
•
1 œuf

Pour la farce :
2 cuil. à soupe d'huile d'olive
•
1 oignon
•
2 échalotes
1 cuil. à soupe de poivre vert en saumure
•
700 g de filet de bœuf
•
1 cube de bouillon de bœuf
•
1 cuil. à soupe de vinaigre balsamique
•
10 branches d'estragon

Pour la salade :
2 cuil. à soupe de vinaigre de framboise
•
4 cuil. à soupe d'huile d'olive
•
1 sachet de roquette
•
sel, poivre

1 Épluchez les échalotes et l'oignon, émincez-les et faites-les revenir 3 minutes à l'huile dans une sauteuse. Coupez la viande en cubes et mettez-la dans la sauteuse avec le poivre concassé.

2 Diluez le bouillon dans 25 cl d'eau chaude et versez-le sur la viande. Arrosez de vinaigre, couvrez et laissez mijoter 45 minutes. À la fin de la cuisson, l'eau doit être entièrement évaporée.

3 Préchauffez le four à 210 °C (th. 7). Tapissez un moule à manqué d'une pâte feuilletée, piquez-la avec une fourchette. Ajoutez l'estragon à la viande.

4 Disposez la viande sur la pâte, couvrez-la du second disque de pâte. Pressez les bords avec un peu d'eau pour fermer la tourte. Dessinez des croisillons et badigeonnez de jaune d'œuf.

5 Enfournez 20 minutes. Rincez la roquette et préparez la vinaigrette. Répartissez la salade dans des petits bols, versez la vinaigrette par-dessus. Servez la tourte bien chaude.

› Accompagnement

Servez avec un bourgogne rouge lors d'un dîner en famille.

Préparation : 20 minutes | *Cuisson : 1 heure 10* | *Réalisation : facile* | *Coût : assez cher*

Savoureuse et simple à réaliser, voici une recette destinée à satisfaire la maîtresse de maison et les invités les plus gourmands. Une tourte originale au bœuf relevée de poivre vert.

› Ma variante

Tourte à la viande hachée et tomate : dans un peu d'huile, faites suer 1 oignon émincé et 1 gousse d'ail hachée. Ajoutez 250 g de bœuf haché et 1 cuil. à café de fenouil moulu. Au bout de 10 min, ajoutez 5 tranches de pancetta coupées. Ajoutez des tomates concassées, portez à ébullition, faites réduire le liquide de moitié. Incorporez 2 cuil. à soupe de persil haché ainsi qu'une poignée de pignons de pin, salez et poivrez. Le liquide doit s'être évaporé. Garnissez un moule d'une pâte feuilletée, couvrez de farce, puis d'une seconde pâte. Soudez les bords. Enfournez dans un four à 180 °C (th. 6) pendant 25 min. Laissez reposer 10 min avant de servir.

Bricks, feuilletés et Cie

Brick *à l'œuf*

Ingrédients
(pour 4 personnes)

4 feuilles de brick
•
4 œufs
•
huile d'arachide
•
1 laitue

Pour la vinaigrette :
3 cuil. à soupe d'huile d'olive
•
1 cuil. à soupe de vinaigre
•
sel, poivre

1 Dans une grande sauteuse au bord suffisamment haut, versez une bonne quantité d'huile.

2 Lavez et essorez la salade. Préparez la vinaigrette : émulsionnez l'huile avec le vinaigre, salez et poivrez.

3 Déposez chaque feuille de brick dans une assiette creuse et cassez un œuf au centre de la feuille. Salez et poivrez.

4 Pliez la feuille en deux, sans la coller, et plongez-la dans l'huile chaude. Faites-la dorer sur une face, puis retournez-la. Si la sauteuse est assez grande, faites-les cuire deux par deux.

5 Une fois cuites, posez les bricks sur du papier absorbant. Servez-les rapidement à l'assiette, accompagnées de la salade assaisonnée.

› Mon astuce

Pour un plat principal, prévoyez 2 bricks par personne. Les œufs doivent impérativement être bien frais, comme pour des œufs à la coque. Les bricks refroidissent très vite, servez-les au fur et à mesure de leur cuisson.

Préparation : 5 minutes | Cuisson : 1 min par brick | Réalisation : facile | Coût : bon marché

Une entrée simple et très conviviale, qui se transforme en plat principal accompagné d'une salade pour un dîner léger.

› Ma variante

Pour un plat plus complet, ajoutez des lamelles de jambon de pays ou de jambon blanc et couvrez de gruyère râpé. Vous pouvez aussi émietter du thon (à l'huile bien égoutté) sur l'œuf avec quelques câpres et du persil ciselé. Ou encore garnir les bricks de fromage de chèvre frais et de menthe ciselée. Si vous avez envie de saveurs orientales, faites revenir un oignon émincé avec de la viande hachée et une pincée de cumin.

Bricks à l'œuf, *crabe et pommes de terre*

Ingrédients
(pour 4 personnes)

4 feuilles de brick
•
4 œufs
•
4 pommes de terre
•
1 boîte de 100 g
de chair de crabe
•
1 cuil. à soupe de ciboulette
•
1 cuil. à soupe d'huile d'olive
•
sel, poivre

1 Préchauffez le four à 210 °C (th. 7). Pelez les pommes de terre, coupez-les en morceaux, mettez-les dans une casserole d'eau froide et faites-les cuire 20 minutes.

2 Égouttez les pommes de terre, mettez-les dans une assiette creuse et écrasez-les à la fourchette avec 1 cuillerée à soupe d'huile d'olive, 1 pincée de sel et de poivre.

3 Couvrez la plaque du four d'une feuille de papier sulfurisé. Étalez les feuilles de brick sur la plaque. Répartissez la purée de pommes de terre au centre de chacune.

4 Égouttez la chair de crabe. Parsemez la purée de ciboulette et répartissez le crabe par-dessus. Cassez 1 œuf au centre des feuilles de brick. Salez et poivrez.

5 Repliez les feuilles de brick en carrés, mettez-les sur la plaque du four et enfournez-les. Laissez-les cuire 10 minutes. Servez bien chaud.

› Ma variante

Vous pouvez faire cuire les bricks à la poêle dans un fond d'huile bien chaude. Faites-les dorer 2 minutes de chaque côté.

Préparation : 30 minutes | Cuisson : 30 minutes | Réalisation : facile | Coût : bon marché

Croustillantes et moelleuses, ces délicieuses bricks seront très appréciées. Les pommes de terre et le crabe assurent une saveur délicate.

› Mon astuce

Les feuilles de brick sont fragiles. Ouvrez le paquet au dernier moment pour qu'elles ne se dessèchent pas et refermez-le bien. Afin de leur assurer plus de souplesse, vous pouvez les huiler avec un pinceau avant de les garnir.

Bricks *au thon*

Ingrédients
(pour 4 personnes)

1 paquet de feuilles de brick
•
2 grosses boîtes de thon au naturel
•
80 g d'oignons coupés surgelés
•
3 œufs
•
30 g de persil haché surgelé
•
1 citron
•
3 cuillères à soupe d'huile d'olive
•
Poivre

1 Faites cuire les œufs dans l'eau bouillante pour qu'ils deviennent durs (5 min).

2 Écalez les œufs, écrasez-les avec une fourchette et mélangez-les avec le persil et les oignons.

3 Ajoutez le thon émietté et le jus du citron pressé. Poivrez à votre convenance en n'hésitant pas à goûter la farce.

4 Mettez un peu de farce au centre de chaque feuille de brick puis repliez les quatre côtés de la feuille sur le dessus pour former un rectangle.

5 Dans une poêle, faites chauffer l'huile d'olive et faites cuire les bricks, côté replié en premier, 5 min sur chaque face.

› Accompagnement

Servez avec une salade verte agrémentée de pignons de pin grillés.

Préparation : 15 minutes | *Cuisson : 10 minutes* | *Réalisation : facile* | *Coût : bon marché*

Parmi les mille façons de cuisiner les bricks au thon, celle-ci présente un minimum de préparation et un choix d'ingrédients simples, qui n'enlèvent rien à leur bon goût final. Pour donner un côté oriental à votre soirée...

› Mon astuce

En triangle, la présentation est plus jolie... Coupez les feuilles de bricks en deux. Rabattez le bord supérieur arrondi sur le bord inférieur. Déposez une grosse cuillère à café de farce sur le bord droit, puis ramenez l'extrémité droite de la feuille. Rabattez plusieurs fois le triangle sur lui-même, de droite à gauche. Coupez au ciseau le bout de pâte qui reste à l'extrémité.

Bricks aux épinards *et à la feta*

Ingrédients
(pour 4 personnes)

4 feuilles de brick
•
150 g de feta
•
200 g d'épinards surgelés en branches
•
10 cl de crème fraîche allégée
•
1 gousse d'ail
•
1 pincée de noix de muscade
•
2 cuil. à soupe d'huile
•
sel, poivre

1 Préchauffez le four à 180 °C (th. 6). Dans une assiette, coupez la feta en morceaux et écrasez-la grossièrement. Pelez et écrasez la gousse d'ail.

2 Mélangez à la fourchette la feta, la crème fraîche, l'ail, la noix de muscade et 1 pincée de sel et de poivre.

3 Placez les épinards surgelés dans un plat allant au micro-ondes. Faites-les décongeler à puissance maximale pendant 5 minutes, puis égouttez-les bien dans une passoire.

4 Versez l'huile dans un petit bol et badigeonnez les feuilles de brick à l'aide d'un pinceau. Répartissez une couche d'épinards et une couche de la préparation à la feta sur la moitié des feuilles de brick.

5 Pliez les feuilles de brick en trois et roulez-les. Disposez-les sur la plaque du four préalablement graissée. Faites-les cuire 15 minutes au four. Servez aussitôt.

› Mon marché

Si vous utilisez des épinards surgelés à la crème, réduisez la quantité de crème de la recette. Comme les feuilles de brick sont très fragiles, il est indispensable de les graisser pour qu'elles ne se brisent pas.

Préparation : 15 minutes | Cuisson : 15 minutes | Réalisation : facile | Coût : bon marché

Les bricks sont d'origine tunisienne. Croustillantes et légères, elles se prêtent à une multitude de préparations originales à déguster en entrée ou à grignoter lors d'un buffet.

› Ma variante

Pour relever le goût, vous pouvez remplacer la crème fraîche par du mascarpone. Et, éventuellement, remplacer la feta par de la ricotta ou un mélange des deux. Agrémentez la préparation en ajoutant 1 cuillerée à soupe de pignons de pin.

Briouats de poulet *au safran*

Ingrédients
(pour 4 personnes)

2 blancs de poulet
•
1 oignon
•
1 gousse d'ail
•
1 dose de safran
•
1 cuil. à café d'un mélange d'épices à tagine
•
1 cuil. à soupe de coriandre fraîche hachée
•
huile
•
4 feuilles de brick
•
sel, poivre

1 Pelez l'oignon et la gousse d'ail et hachez-les. Débitez les blancs de poulet en petits morceaux.

2 Faites chauffer 1 cuillerée à soupe d'huile d'olive dans une poêle et faites fondre l'oignon en remuant. Incorporez les morceaux de poulet et faites-les dorer de chaque côté.

3 Parfumez de safran, d'épices à tajine, de coriandre hachée et d'ail. Mélangez. Mouillez de 2 cuillerées à soupe d'eau, couvrez et laissez cuire 10 minutes à feu doux.

4 Préchauffez le four à 210 °C (th. 7). Hachez la préparation au couteau sur une planche. Coupez les feuilles de brick en bandes de 5 cm de large et badigeonnez-les d'huile.

5 Déposez 1 cuillerée de farce à l'extrémité de la bande et repliez-la en triangle. Mettez les bandes sur la plaque du four et faites-les cuire 10 minutes en les retournant à mi-cuisson.

› Mon marché

Pour ce type de recette, vous gagnerez du temps en utilisant de l'oignon et de l'ail hachés surgelés. Le safran est une épice très chère, mais vous pouvez utiliser un mélange d'épices orientales contenant du safran, beaucoup plus abordable. Vous pouvez aussi ajouter la valeur de 1/2 cuillerée à café de cumin et 1 pincée de quatre-épices.

Préparation : 25 minutes | Cuisson : 25 minutes | Réalisation : assez facile | Coût : bon marché

Ces petits briouats, ou samossas comme on les appelle autour de la Méditerranée, croustillants et moelleux, se dégustent du bout des doigts.

› Mon astuce

Vous pouvez proposer différentes présentations : coupez une feuille de brick en deux et huilez-la. Déposez de la farce en long et roulez la demi-feuille en cigare ou en nem en rentrant les extrémités. Vous pouvez confectionner les briouats à l'avance et les conserver au frais. Veillez à ce que la sauce de la farce ne soit pas trop liquide, ce qui pourrait trouer les feuilles de brick. L'astuce est de les faire cuire juste avant de les servir pour qu'ils soient bien chauds et croustillants.

Chaussons aux pétoncles *et saumon*

Ingrédients
(pour 4 personnes)

1 rouleau de pâte feuilletée
•
80 g de saumon fumé
•
100 g de crevettes roses décortiquées
•
100 g de noix de pétoncle surgelées
•
100 g de champignons de Paris
•
1 échalote
•
1 cuil. à soupe de cognac
•
20 g de beurre
•
2 cuil. à soupe de crème fraîche épaisse
•
1 jaune d'œuf
•
mélange de 5 baies
•
sel

1 Faites décongeler les noix de pétoncle. Épluchez l'échalote et émincez-la. Brossez les champignons et émincez-les. Détaillez le saumon en dés.

2 Coupez les crevettes en petits bouts. Émincez finement les noix de pétoncle. Faites fondre le beurre dans une sauteuse et faites suer l'échalote et les champignons 5 minutes.

3 Salez légèrement, saupoudrez de baies, incorporez la crème fraîche, les noix de pétoncle, les crevettes et le saumon. Laissez mijoter 2 minutes. Retirez la sauteuse du feu et arrosez de cognac.

4 À l'aide d'un verre ou d'un emporte-pièce, découpez des disques de pâte feuilletée de 8 cm de diamètre. Mettez un peu de farce refroidie au centre et repliez la pâte en demi-lune. Préchauffez le four à 180 °C (th. 6).

5 Pincez bien les bords des chaussons en les humidifiant un peu, dorez-les avec le jaune d'œuf, mettez-les sur la plaque du four couverte de papier sulfurisé et enfournez-les 20 minutes.

› Accompagnement

Servez avec du champagne ou un vin blanc sec.

Préparation : 15 minutes | Cuisson : 30 minutes | Réalisation : facile | Coût : bon marché

De petits feuilletés dignes d'un grand traiteur et guère compliqués à confectionner. Préparez ces bouchées salées à l'avance et servez-les lors d'un apéritif d'exception.

› Ma variante

Pour réaliser un apéritif dînatoire raffiné, gourmand et express, pensez aux crackers. Confectionnez des rillettes de poisson en mélangeant des miettes de sardine, de thon ou de crabe avec du fromage frais à tartiner. Salez et poivrez, parfumez de quelques gouttes de citron. Tartinez les crackers de rillettes et décorez-les de ciboulette ciselée.

Chaussons ratatouille *et thon*

Ingrédients
(pour 4 personnes)

Pour les chaussons à la ratatouille :

- 1 rouleau de pâte brisée
- 250 g de ratatouille
- 2 cuil. à soupe de pesto
- 1 jaune d'œuf
- sel, poivre

Pour les chaussons au thon :

- 1 rouleau de pâte brisée
- 1 tomate
- 1 oignon
- 1 boîte de thon
- 1 jaune d'œuf
- sel, poivre

1 Préchauffez le four à 180 °C (th. 6). Déroulez la pâte et découpez-y des cercles d'environ 6 cm de diamètre à l'aide d'un petit bol ou d'une grande tasse.

2 Dans un bol, mélangez la ratatouille et le pesto, salez et poivrez. Garnissez de ratatouille un côté de chaque disque, puis rabattez le bord opposé. Pressez bien avec les doigts.

3 Badigeonnez de jaune d'œuf la surface des chaussons. Disposez-les sur la plaque du four couverte de papier sulfurisé et enfournez-les de 10 à 15 minutes.

4 Procédez de la même façon pour les chaussons au thon. Dans un bol, mélangez le thon émietté et l'oignon émincé. Coupez la tomate en petits dés et ajoutez-la. Salez et poivrez, remuez.

5 Garnissez les disques de pâte de la préparation au thon, repliez les bords pour former un chausson, badigeonnez de jaune d'œuf et enfournez de 10 à 15 minutes. Servez tiède.

› Accompagnement

Servez avec des olives et un rosé bien frais.

Préparation : 15 minutes | Cuisson : 15 minutes | Réalisation : facile | Coût : bon marché

Ces petits amuse-gueule qui se déclinent à l'infini seront parfaits en apéritif copieux ou sur une table de buffet cet été. Garnissez-les de légumes du soleil, de thon ou de fromage.

› Ma variante

C'est une recette idéale pour utiliser les réserves de vos placards ou les restes. Pensez à toutes sortes de fromages comme le roquefort, des fromages frais comme la ricotta, des carrés frais et autres Saint-Moret. Agrémentez-les de noisettes, d'amandes, de cacahuètes, d'herbes fraîches ou surgelées (persil, ciboulette, coriandre...), ajoutez un peu de crème fraîche.

Croustillants *gascons*

Ingrédients
(pour 4 personnes)

- 2 oignons
- 15 g de graisse d'oie
- 180 g de lardons allumettes
- 12 pruneaux
- 4 feuilles de brick
- 20 g de beurre

1 Épluchez les oignons et émincez-les très finement. Faites fondre la graisse d'oie dans une sauteuse. Ajoutez les oignons et les lardons et laissez-les cuire 10 minutes.

2 Dénoyautez les pruneaux, hachez-les au hachoir électrique et, hors du feu, mettez-les dans la sauteuse avec le mélange oignons-lardons.

3 Préchauffez le four à 210 °C (th. 7). Sur le plan de travail, coupez chaque feuille de brick en deux, puis en trois dans le sens de la longueur, pour obtenir un long rectangle.

4 Posez 1 cuillerée de farce sur chaque rectangle et repliez-le plusieurs fois pour former des chaussons. Au besoin, faites-les tenir avec un bâtonnet de bois.

5 Mettez les chaussons dans un plat allant au four. Faites fondre le beurre et versez-le sur les chaussons. Enfournez 8 minutes et servez chaud.

› Accompagnement

Servez avec un vin blanc liquoreux. Idéal pour un dîner en famille ou entre amis.

Préparation : 10 minutes | Cuisson : 20 minutes | Réalisation : facile | Coût : bon marché

Revenues dans un peu de graisse d'oie, voici des petites bricks sucrées-salées qui donneront à vos apéritifs une allure de fête.

› Ma variante

En accompagnement de ces bouchées, réservées pour une soirée d'exception, proposez des bouchées de pain d'épices au foie gras et à la confiture d'oignons : coupez des petits carrés de pain d'épices, tartinez-les de confiture d'oignons (ou de figues) et couvrez d'un petit dé de foie gras.

Feuilletés au jambon *et champignons*

Ingrédients
(pour 4 personnes)

2 pâtes feuilletées
•
3 tranches de jambon
•
1 petite boîte de champignons émincés
•
3 parts de crème de gruyère
•
1 cuil. à soupe de crème fraîche
•
1 cuil. à café de moutarde
•
1 œuf
•
persil
•
sel, poivre

1 Préchauffez le four à 210 °C (th. 7). Huilez la plaque de cuisson. Étalez les pâtes et coupez les bords arrondis pour obtenir deux grands carrés.

2 Coupez chaque pâte en quatre pâtons, que vous déposerez sur la plaque du four. Égouttez les champignons. Coupez les tranches de jambon en lamelles, puis en morceaux grossiers.

3 Dans un bol, mettez la crème de gruyère, la crème fraîche, la moutarde et 1 cuillerée à soupe de persil. Salez et poivrez. Écrasez le tout avec une fourchette et mélangez.

4 Répartissez le jambon et les champignons sur les pâtons. Recouvrez d'un peu de crème. Rabattez les bords et fermez les feuilletés, pliure en dessous.

5 Battez l'œuf dans un bol. À l'aide d'un pinceau, dorez les feuilletés à l'œuf. Enfournez et laissez cuire de 20 à 30 minutes jusqu'à ce qu'ils soient bien dorés.

› Mon marché

Choisissez des tranches épaisses de jambon de Paris de bonne qualité. Pour gagner du temps, vous pouvez vous procurer des petits cubes de jambon prédécoupés.

Pour un dîner léger, ces feuilletés croustillants et moelleux seront très appréciés. Leur préparation est on ne peut plus simple.

› Ma variante

Remplacez le mélange de crème et de fromage par de la béchamel, que vous trouverez en brique de 20 cl prête à l'emploi. Dans ce cas, garnissez les feuilletés avec le jambon, les champignons, la béchamel et du persil. Ajoutez 1 gousse d'ail pour relever, ainsi qu'un peu de noix de muscade. Vous pouvez ajouter du gruyère râpé à l'intérieur et en saupoudrer légèrement les feuilletés.

Feuilletés de moules *au cidre*

Ingrédients
(pour 4 personnes)

1 pâte feuilletée rectangulaire surgelée
•
1 l de moules de bouchot
•
20 cl de cidre brut
•
30 cl de crème fraîche
•
1 échalote
•
1 cuil. à soupe de farine
•
20 g de beurre
•
sel, poivre

1 Épluchez l'échalote et émincez-la. Nettoyez les moules et grattez-les. Faites fondre le beurre dans une cocotte.

2 Ajoutez l'échalote, les moules et le cidre dans la cocotte. Poivrez et brassez jusqu'à ce que toutes les moules soient ouvertes. Filtrez le jus de cuisson dans une passoire et réservez-le.

3 Préchauffez le four à 210 °C (th. 7). Sortez les moules de leur coquille et réservez-les. Faites décongeler la pâte au four à micro-ondes et détaillez-la en 4 rectangles.

4 Huilez la plaque du four ou conservez le papier sulfurisé. Enfournez la pâte 15 minutes. Dans une casserole, faites réduire le jus de cuisson avec la crème fraîche et ajoutez les moules.

5 Coupez les feuilletés en deux. Disposez-en la moitié sur des assiettes, garnissez-les de moules et de sauce, recouvrez de l'autre moitié des feuilletés.

› Mon astuce

Nettoyez les moules : éliminez celles qui sont déjà ouvertes. Grattez les autres. Avec un petit couteau, retirez les filaments avec lesquels elles s'accrochent aux supports. Lavez-les dans plusieurs eaux en les brassant, mais ne les laissez pas tremper. Faites-les cuire 5 minutes à feu vif.

Un feuilletage garni de moules à la crème et au cidre...
Une entrée très sophistiquée, facile à réaliser et peu coûteuse. Que demander de plus ?

› Mon marché

La période de reproduction des moules s'étale, selon les régions et les espèces, de février à la fin de mai : elles sont alors grasses, laiteuses, assez peu intéressantes sur le plan gustatif. La meilleure période pour les déguster se situe de mai à février, particulièrement de juillet à septembre.

Feuilletés *de sardines*

Ingrédients
(pour 4 personnes)

3 boîtes de sardines à l'huile

4 carrés de pâte feuilletée

1 cuil. à soupe de pignons de pin

1 cuil. à soupe de raisins secs

1 jaune d'œuf

1 cuil. à soupe de lait

sel, poivre

1 Faites tremper les raisins secs dans un bol d'eau tiède pendant 10 à 15 minutes. Dans une poêle à revêtement antiadhésif, faites dorer les pignons à sec.

2 Préchauffez le four à 180 °C (th. 6). Égouttez les sardines, ouvrez-les, retirez l'arête centrale, placez-les dans une assiette creuse et écrasez-les à la fourchette. Poivrez et salez peu.

3 Égouttez les raisins et ajoutez-les aux sardines ainsi que les pignons grillés. Amalgamez bien le tout. Étalez un carré de pâte et garnissez-le d'un quart du mélange de sardines.

4 Rabattez la pâte pour former un rectangle et appuyez pour bien coller les bords. Garnissez les autres feuilletés et déposez-les sur la plaque à pâtisserie huilée.

5 Battez ensemble le jaune d'œuf et le lait et dorez les feuilletés au pinceau. Enfournez et laissez cuire 20 minutes. Les feuilletés doivent être dorés. Servez chaud ou tiède.

› Mon astuce

Pour un apéritif, réalisez de petits feuilletés en découpant à l'aide d'un emporte-pièce deux abaisses de pâte en 6 petits ronds chacune pour former des feuilletés en demi-lune.

Préparation : 15 minutes | *Cuisson : 20 minutes* | *Réalisation : facile* | *Coût : bon marché*

Croustillants et moelleux, ces savoureux feuilletés aux sardines, agrémentés de raisins secs et de pignons de pin, sauront séduire vos convives. Une entrée facile et rapide à préparer.

› Ma variante

Vous pouvez supprimer les raisins secs et les pignons et parfumer les sardines avec le zeste râpé d'un citron et un soupçon de paprika.

Madeleines aux olives *et jambon*

Ingrédients
(pour 16 madeleines)

3 œufs

120 g de farine

1/2 paquet de levure chimique

4 cuil. à soupe d'huile

1 tranche de jambon blanc

1 tranche de jambon de pays

15 olives noires dénoyautées

3 cuil. à soupe de lait

2 cuil. à soupe de thym

sel, poivre

1 Préchauffez le four à 180 °C (th. 6). Cassez les œufs au-dessus d'un saladier et battez-les au fouet métallique. Ajoutez-leur la farine et la levure.

2 Mélangez le tout vivement, toujours à l'aide du fouet. Ajoutez les 4 cuillerées à soupe d'huile. Coupez les olives en tout petits morceaux.

3 Retirez soigneusement le gras des deux tranches de jambon et coupez-les finement en lanières, puis en tout petits dés.

4 Ajoutez le lait, le thym, les olives et les dés de jambon à la préparation aux œufs. Salez, poivrez et remuez.

5 Versez 1 cuillerée à soupe de pâte dans chaque petit moule à madeleines (en silicone de préférence). Enfournez. Renouvelez l'opération avec une seconde fournée. Servez tiède.

› Ma variante

Tout comme pour confectionner des cakes, partez de la recette de base et ajoutez les ingrédients au gré de vos réserves ou de vos envies.

Préparation : 15 minutes | *Cuisson : 8 minutes* | *Réalisation : facile* | *Coût : bon marché*

Les traditionnelles madeleines sucrées avec leurs petites bosses sur le dessus sont un pur délice ! Pourquoi ne pas les décliner salées, tout comme les cakes et les muffins ?

› Mon astuce

Les moules en silicone sont une vraie aubaine, surtout pour les présentations individuelles. Aucun ajout de matière grasse n'est nécessaire pour éviter aux gâteaux de coller, et il est impossible de casser la madeleine en la démoulant puisque les moules en silicone sont mous et se laissent tordre facilement.

Muffins au chèvre *et à la courgette*

Ingrédients
(pour 4 personnes)

1 courgette

100 g de chèvre frais

150 g farine

1/2 sachet de levure

1 œuf

7 cl d'huile d'olive

8 cl de lait

2 cuil. à café
de ciboulette hachée

1/2 cuil. à café de sel, poivre

1 Lavez la courgette, éliminez les extrémités et râpez-la. Détaillez le fromage de chèvre en petits dés. Préchauffez le four à 180 °C (th. 6).

2 Dans un saladier, versez la farine, la levure, la ciboulette, du sel et du poivre. Ajoutez la courgette râpée en l'émiettant ainsi que les dés de fromage. Mélangez en aérant la préparation.

3 Dans un autre récipient, battez l'œuf avec l'huile et le lait. Versez cette préparation sur la précédente et mélangez rapidement sans trop travailler la pâte.

4 Mettez un moule en silicone alvéolé sur la plaque de cuisson du four. Garnissez les alvéoles de pâte aux deux tiers. Enfournez et laissez cuire 25 minutes environ.

5 Vérifiez la cuisson en y plantant la pointe d'un couteau qui doit ressortir sèche. Laissez refroidir 5 minutes, démoulez les muffins et mettez-les sur une grille. Servez-les tièdes ou froids.

› Mon marché

Choisissez une courgette pas trop grosse, bien ferme et sans taches, de couleur vert uniforme. Quand il s'agit de faire cuire des légumes sans les éplucher, il vaut mieux choisir des légumes biologiques, ils sont aussi plus goûteux.

Les muffins se dégustent à tout moment du bout des doigts.
L'association courgette-chèvre est un classique, simple et savoureux.

› Mon astuce

Pour bien réussir les muffins, il est important que les éléments de garniture (courgette râpée et dés de fromage) soient bien imprégnés des ingrédients secs : la farine qui agglomère les morceaux permet une répartition homogène dans les muffins. Incorporez rapidement, en soulevant avec une spatule, les ingrédients mouillés au mélange, sans prêter attention aux grumeaux. Si la pâte est trop mélangée, les muffins seront trop compacts et ne gonfleront pas.

Muffins au comté *et tomates séchées*

Ingrédients
(pour 4 personnes)

80 g de tomates séchées

80 g de comté

150 g de farine

1/2 sachet de levure chimique

1 pincée de sel

2 œufs

20 cl de lait

2 cuil. à soupe d'huile d'olive

1 Préchauffez le four à 180 °C (th. 6). Égouttez les tomates séchées et coupez-les en cubes.

2 Débitez le comté en petits cubes. Dans une jatte, versez la farine, le sel et la levure et mélangez bien.

3 Dans un autre récipient, battez les œufs en omelette, ajoutez le lait et battez. Versez l'huile et fouettez le tout de nouveau.

4 Versez la préparation aux œufs dans la jatte contenant la farine, le sel et la levure. Mélangez grossièrement la pâte. Ajoutez les dés de tomate et de comté. Mélangez rapidement.

5 Remplissez aux deux tiers des moules souples à muffins. Enfournez 20 minutes. Laissez tiédir 5 minutes avant de démouler. Servez tiède ou froid.

› Mon astuce

Si vous n'avez pas de moules souples, pensez à bien huiler vos moules classiques. Si vous n'avez pas de moules individuels, utilisez un moule à cake : dans ce cas, laissez cuire 5 minutes de plus.

Préparation : 10 minutes | *Cuisson : 20 minutes* | *Réalisation : facile* | *Coût : bon marché*

De délicieux petits en-cas salés à grignoter le temps d'un week-end. Le secret de leur réussite ? Une pâte très peu mélangée… impossible de les rater.

› Ma variante

Remplacez le comté par de la mozzarella pour des muffins coulants. Pour des muffins un peu épicés, remplacez le comté par des lamelles de chorizo. Pour des muffins tout rouges, remplacez les tomates séchées par 3 cuillerées de pesto de tomate ou par une sauce tomate classique. Pour des muffins tout verts, remplacez les tomates par 3 cuillerées à soupe de pesto (sauce au basilic, ail, huile d'olive et pignons de pin).

Muffins aux tomates *et feta*

Ingrédients
(pour 4 personnes)

150 g de farine
•
2 cuil. à café rases de levure chimique
•
2 œufs
•
80 g de feta
•
5 cl de lait
•
8 tomates cerises
•
6 cl d'huile d'olive
•
3 pincées d'herbes de Provence
•
sel

1 Lavez soigneusement les tomates, essuyez-les avec du papier absorbant, coupez-les en deux et réservez-les.

2 Coupez la feta en petits cubes. Dans un saladier, versez la farine, la levure et le sel en remuant énergiquement.

3 Dans un autre récipient, battez les œufs en omelette. Versez l'huile et le lait sur les œufs. Saupoudrez d'herbes de Provence et mélangez bien.

4 Réunissez les deux mélanges, sans trop travailler la pâte. Préchauffez le four à 210 °C (th. 7). Remplissez une plaque de moules à muffins en silicone à mi-hauteur.

5 Ajoutez des dés de feta et des tomates cerises. Couvrez à nouveau de pâte aux deux tiers des moules. Enfournez 20 minutes, laissez tiédir et démoulez. Servez tiède ou froid.

› Accompagnement

Servez avec un vin rouge léger. Idéal pour un dîner entre amis ou en famille.

Préparation : 20 minutes | *Cuisson : 20 minutes* | *Réalisation : facile* | *Coût : bon marché*

De délicieux muffins salés pour un apéritif gourmand ou pour une entrée avec une salade verte.
Une recette à garder sous la main.

Mon astuce

Profitez-en ! Le secret des bons muffins... une pâte à peine mélangée. Veillez à mélanger séparément les ingrédients secs (farine, levure, sel) et les ingrédients liquides (lait, huile, œufs).

Index